Chulos y coquetones

B

Antonio Bertrán

Chulos y coquetones

Conversaciones con protagonistas del mundo gay

Barcelona · México · Bogotá · Buenos Aires · Caracas
Madrid · Miami · Montevido · Santiago de Chile

Chulos y coquetones

Primera edición, noviembre de 2015.

ISBN 978-607-480-919-0

Impreso en México | *Printed in Mexico*

Para mis padres y mis amores de sangre.
Para Silvia Isabel Gámez y mis amores por elección.
Para los valientes que dicen lo que aman.

Índice

Flores del escándalo

A más de un siglo de la redada del llamado "Baile de los 41", ocurrida el 20 de noviembre de 1901, que inmortalizó satíricamente José Guadalupe Posada en una hoja volante con un escandaloso corrido que arrancaba: "Aquí están los maricones / muy chulos y coquetones", los homosexuales hemos ganado mucho en respeto y reivindicación de nuestros derechos.

En particular, gracias al trabajo realizado en las últimas cuatro décadas por activistas que, hartos de los hostigamientos social y policiaco, empezaron a luchar atreviéndose a mostrar unas pancartas y exclamar: "¡Soy puto! ¿Y qué?", durante una marcha multitudinaria por los diez años de la masacre del 2 de octubre de 1968.

Este libro de entrevistas se sostiene sobre los hombros de esos gigantes, y tiene la dicha de incluir a dos de ellos: Juan Jacobo Hernández y Xavier Lizarraga, quienes jamás imaginaron ser testigos de la aprobación del matrimonio igualitario ni de la posibilidad de adoptar hijos por parte de las parejas del mismo sexo.

A la unión aprobada en 2010, en la Ciudad de México, se acogieron por cuestiones legales dos de las personalidades incluidas en este trabajo: el diseñador de modas Macario Jiménez con su pareja el arquitecto Fernando Raphael, y el artista plástico Nahum B. Zenil y su compañero por casi 40 años Gerardo Vilchis.

El título de este libro, tomado de esos versos que en su tiempo fueron infamatorios, pretende también revertir con humor las formas despectivas con las que por demasiados años hemos sido señalados los raritos, mariposones, puñales o miembros de la raza ninfea.

Los doce protagonistas (más dos maridos) que aquí aparecen forman un ramillete que en una época nada remota habría sido calificado de "flores de escándalo", conformado por "personas de vida equivocada" o "moralidad dudosa".

Pero esta docena de chulos —porque son guapos en figura y obra— y coquetones —ya que supieron seducir a un destino adverso por su orientación sexual hasta convertirlo en aliado—, más bien tienen una vida ejemplar e inspiradora no sólo para los gays.

Cuando Yeana González, Directora Editorial de la casa que publica esta obra, me invitó a escribir sobre homosexuales ilustres, le propuse que, como me dedico al oficio de la pregunta indiscreta, me permitiera cumplir la tarea a través de entrevistas. Recibió la idea con generoso entusiasmo y la diosa Fortuna quiso que el editor que me asignó resultara un querido amigo, el narrador y poeta Rodolfo Naró.

Rodolfo, entre otros buenos oficios, me ayudó a integrar una larga lista de candidatos con trayectorias atractivas y valiosas. ¿Por qué finalmente escogí a estos doce hombres cuyas edades van de los 47 a los 73 años? Por el simple hecho de que me cachondeaban; porque debido a su personalidad y labor les traía ganas desde mis años como reportero de la sección cultural del periódico *Reforma*. En otras palabras, no exentas de metáfora: cada uno de los entrevistados me despertaba un deseo morboso por meterme en su vida e incluso entre sus sábanas.

Estos personajes también están aquí porque me acogieron con gran generosidad, y cada una de las conversaciones dio paso a un grado tal de franqueza que los llevó a develar los pasajes más significativos —dolorosos o tocados por el gozo— de su ser homosexual que, presumo, arrojan luz sobre las más íntimas motivaciones de su proceder y crear. Las entrevistas arrancaron el 27 de febrero de 2015, con el padrinazgo de Xavier Lizarraga, y terminaron con la hospitalidad de Nahum B. Zenil y Gerardo Vilchis, el 5 de agosto. Todas se realizaron en la casa de los protagonistas, salvo la de Juan Jacobo Hernández, quien me citó en las oficinas del Colectivo Sol, la organización no gubernamental que dirige, y Daniel Vives, La Supermana, quien por el momento vive en Cuernavaca con su mamá y en una visita a la Ciudad de México aceptó tomar un té en mi domicilio.

Quiero confesar que en esos seis meses de inmiscuirme en la biografía de estos artistas, activistas e intelectuales, mi propia vida se robusteció con sus experiencias y dio un giro imprevisible y liberador: el ejemplo valiente del doctor Jorge Saavedra, ex director del Centro Nacional para la Prevención y el Control del VIH/SIDA (Censida) y fundador de la Clínica Condesa, y las agudas reflexiones del también académico Lizarraga me confrontaron y llevaron a salir por segunda vez del clóset al contar en "Nosotros los jotos", mi columna semanal del diario *Metro*, que soy VIH positivo. Reitero aquí que compartí mi condición serológica de esa manera tan pública para ser congruente y para abonar, tal cual lo han hecho los aquí entrevistados desde sus diferentes campos de acción, a favor de la normalización de la vida homosexual y combatir los estigmas que por diversos caminos aún nos persiguen a los "varones del otro bando", para usar un eufemismo del patriarca Salvador Novo.

¡Muchas gracias a los entrañables integrantes de esta nómina de la diversidad, sobre todo por su confianza y la veracidad con la que respondieron a mis impertinentes preguntas! He tratado de ser fiel a sus palabras y al universo íntimo que me permitieron vislumbrar.

También celebro que las hermosas viñetas que dan rostro a estos artífices de la comunidad gay, se deben al talento y el cariño del ilustrador y publicista Marco Colín, un verdadero hermano desde la juventud con quien siempre he tenido motivos para estar agradecido. El cuidado de la edición me tiene en deuda con la profesional Alicia Quiñones.

Batees o no del otro lado, querido lector, mi sincero deseo es que, como me ocurrió a mí, tu vida se nutra al asomarte a estas fecundas existencias marcadas por la virtud de enfrentar con gallardía el ser diferente y proceder siempre con honestidad. Porque ya vivimos los tiempos del amor que sí se atreve a decir su nombre y esperemos que pronto ese decir ya no provoque alborotos ni señalamientos como: "Aquí están los maricones, muy chulos y coquetones", sino una omnipresente indiferencia por resultar una opción respetada y común.

ANTONIO BERTRÁN
Biblioteca Personal Carlos Monsiváis, La Ciudadela.
Ciudad de México, 7 de septiembre de 2015

Antonio Marquet

Ahora *elegebeteamos*

En su comedor, Antonio Marquet acaba de colocar una instalación con tres cuadros que lo "alimenta simbólicamente". Hace alusión a la "Ley Razú", como le gusta llamar a la enmienda del artículo 146 del Código Civil del Distrito Federal, promovida por el asambleísta David Razú, para permitir el matrimonio entre homosexuales.

Esta tarde calurosa de finales del mes de marzo, Antonio confiesa que está "súper histérico" porque es la víspera de su cumpleaños número 60 —nació el 2 de abril de 1955—, pero se emociona hasta las lágrimas cuando habla del hecho más trascendente que ha vivido como gay: "El día en que se aprobó la Ley Razú, no lo podía creer, nunca me imaginé que pudiera ocurrir... Fue la cosa más grande que ha pasado en mi vida".

Después de tomarse unos segundos para gobernar el sentimiento, pega con el índice en la mesa, y agrega: "Ser incluido por la ley, ser reconocido como sujeto de derecho, que tu emotividad y tu subjetividad sean reconocidas como pertenecientes a la ley en lugar de que seas perseguido por ella, es una cosa mayor".

El académico de la Universidad Autónoma Metropolitana (UAM), estudioso y cronista de la "Nación Queer"1 en libros de títulos festivos como *¡Que se quede el infinito sin estrellas!* (2001) y *El crepúsculo de Heterolandia. Mester de jotería* (2006), colocó en el cuadro central de la instalación de su comedor una rosa roja impresa, sobre la que se lee: "Ley Razú 21.12.09/14.03.10".

Son las fechas de la histórica aprobación en la Asamblea Legislativa del Distrito Federal, cuando fue vencida la "terrible" oposición de un grupo de legisladores de derecha, y de la entrada en vigor del nuevo Código Civil con una boda colectiva de parejas del mismo sexo en la oficina central del Registro Civil.

"Esa rosa roja ilumina dos momentos con fondo oscuro", explica Marquet en alusión a los marcos rectangulares que arriba y abajo completan la composición con sendas expresiones en elegante tipografía: "¿Aún 41?" y "*elegebeteando*".

"Antes, en el mejor de los casos, éramos cuarenta y uno (como los maricones de la célebre redada de tiempos del porfiriato). Ahora *elegebeteamos*, un neologismo que inventé (de

1 Nación Queer fue una organización que defendió los derechos de la comunidad LGBT (Lesbianas, Gays, Bisexuales y Transgénero) y luchó en contra de la homofobia. Se fundó en marzo de 1990, en la ciudad de Nueva York.

las siglas LGBT) para nombrar la nueva realidad de la diversidad sexual en torno a la cual nos unimos en una acción: *elegebetear*".

Hablábamos de matrimonio en una época en la que no existía y ni siquiera había la posibilidad de que lo hubiera.

Es un homenaje íntimo al asambleísta del Partido de la Revolución Democrática (PRD), porque, dice marcando las sílabas para enfatizar su indignación: "Es de una mezquindad atroz" que al luchar por el matrimonio igualitario, lo más terrible que Razú tuvo que enfrentar fue "la actitud de la comunidad gay, de gente como la diputada lesbiana Enoé Uranga, quien decía que no era el momento. Si no era entonces, ¿cuándo?".

Que la aprobación del matrimonio gay provoque en Antonio tal efervescencia de sentimientos se comprende cuando habla de sus años precoces como estudiante de secundaria en la Escuela Nacional Preparatoria, donde se hizo de un "círculo muy pequeño, cerrado y estrecho de amigos" que, por su preferencia sexual, tenía "un divorcio absoluto" con el resto de sus compañeros.

"Cada quién tenía su marido; por ejemplo, a Jaime le decíamos Lady Wilson porque estaba casado con un texano que se llamaba Bryan Wilson —recuerda con especial cariño—. Hablábamos de matrimonio en una época en la que no existía y ni siquiera había la posibilidad de que lo hubiera; no soñábamos con eso".

—¿Desde la secundaria tenían pareja?

—Sí. Yo conocí a mi primer "marido" cuando tenía 14 años; él me llevaba casi 15, tenía 28 años.

Un día de enero o febrero de 1970, Antonio fue por primera vez solo a un concierto en el Palacio de Bellas Artes. El programa estaba dedicado a Mozart y sería dirigido

Al psicoanálisis lacaniano le debo el asumirme plenamente como homosexual y escritor.

“

por el ruso Rudolf Barchai. Ahí coincidió con un amigo de la escuela y sus padres, pero ellos tenían localidades en la luneta y Antonio en el tercer piso, así que les dijo que bajaría en el intermedio para tomar un refresco con ellos. Al buscar su asiento, el adolescente lo encontró ocupado por un muchacho de "ojos chispeantes y frente amplia" que lo había tomado por equivocación. Iba a cambiar de lugar, pero Antonio prefirió sentarse a su lado.

"En el intermedio no bajé (al vestíbulo) porque nos quedamos platicando, cuando terminó la función me llevó a mi casa y así empecé una relación que duró 30 años".

Cuando le pregunto el nombre del "marido", baja la voz para responder: "No puedo decirlo porque es de clóset. Fue de clóset todo el tiempo, fue una de las cosas por las que rompimos y de alguna manera coincidió la ruptura con la escritura de mi primer libro: *¡Que se quede el infinito sin estrellas!*; imagínate, yo era una persona tan abierta y él tan cerrada".

Curiosamente, en el prólogo de ese volumen inaugural —hoy agotado— de crónicas, entrevistas, reseñas y ensayos sobre personajes y acontecimientos de la cultura gay, la primera frase es: "Fuera del clóset...". Antonio sólo revela sobre ese muchacho, hoy de 73 años, que es "empresario y un ingeniero químico notable, reconocido con premios internacionales". Dada su también inclinación por la historia y el arte, asegura que le dio "muchísimas cosas" y que con él fue "mil veces a la ópera en Viena, una ciudad que le gustaba mucho porque es musical por excelencia".

La pareja sufrió una crisis cuando Antonio frisaba los 30 años porque el ingeniero le reveló que se quería casar con una mujer. "Yo le dije, bueno, si tú te casas yo me voy de México, ya no quiero seguir viviendo aquí, *chao*". Y se fue a París porque el gobierno francés y la Secretaría de Relaciones Exteriores le dieron una beca para estudiar en La Sorbona.

El químico finalmente no se casó y fue a buscar a Antonio, quien estudiaba literatura francesa y psicoanálisis en la universidad parisina bajo la tutela de grandes maestros como Julia Kristeva, Didier Anzieu y Jacques Allan Miller. "Nuestra relación se hizo más profunda, mucho más rica", dice con los ojos iluminados. "Él viajaba (a París), lo veía tres veces al año, pasábamos los veranos juntos".

Y cuando se volvían a separar, los amantes se enviaban largas misivas. "Si dos personas viven en países diferentes, las palabras puestas en un papel cobran otro significado, y en esa época uno se encerraba para redactar una carta, que no era de un solo folio; podías pasar todo un fin de semana escribiéndola".

Las letras han guiado la rica vida de este profesor universitario. Hijo mayor del teniente coronel piloto aviador Augusto Marquet —cuyo busto se encuentra en el Aeropuerto Internacional de la Ciudad de México— y de la ama de casa Virginia Montiel, Antonio descubrió su vocación en la preparatoria, en las clases de Esperanza Meneses, su maestra de literatura.

"Esta maestra me impactó; leí mucho con ella, me impresionaba la fuerza de sus palabras, su valor civil y la inteligencia que la distinguía", recuerda.

Pero la "experiencia más radical" de su educación ocurrió en la primaria, que cursó en el Centro Escolar Revolución, una "escuela piloto construida donde estuvo la antigua Cárcel de Belén" y que fue decorada con vitrales diseñados por Fermín Revueltas y murales de Raúl Anguiano y Aurora Reyes, la primera mujer que incursionó en esta corriente."Allí formé parte de un coro de ópera y todos los días de la semana, de tres a seis de la tarde, asistí a un taller de artes plásticas con Alicia Malo y su hija Elisa, dos mujeres muy guapas. Mientras escuchábamos música clásica, los alumnos aprendíamos a pintar, a grabar, a dibujar... Pero a mí me enseñaron nada menos que el ejercicio de la libertad". En el hogar, el niño Antonio seguía un programa marcado por estrictos horarios en el que las "sorpresas estaban proscritas", y que hasta la fecha ejerce su madre de 85 años, con quien vive en un amplio departamento en Tecamachalco, decorado con toques de arte homoerótico, que en algunos rincones deja ver su ser "caótico".

De ahí que, cuando llegó a ese taller y las maestras le pidieron que dibujara lo que quisiera, pues el tema era libre, sintió un "*shock* brutal". Pero la experiencia lo salvó: "¡Entendí que fuera de las vías había muchos otros caminos, y sobre todo terreno para construirlos!".

Esos otros caminos los ha construido Antonio siempre dentro de la escuela, de la que espera nunca salir, porque "fue un refugio a la intolerancia machista". Para hacer más grande ese refugio, como profesor de lectura y escritura de la UAM le gusta incluir lecturas de tema gay en sus cursos con alumnos de primer ingreso. "Creo que así pueden ver la *gaydad* desde otro punto de vista", explica. El profesor cuenta que en sus seis décadas de vida siempre se ha "inventado algo" para no dejar de estudiar diversos temas de las letras hispánicas, francesas o de la traducción, en instituciones como la Universidad Nacional Autónoma de México (UNAM), el Colegio de México; o en las universidades de Tulane, Berkeley, John Hopkins, Montreal, y también en el Centro de Investigación y Estudios Psicoanalíticos. "Le debo tanto a mis maestros", asegura. Y sobre todo al que es su Mentor, así, con mayúscula: Néstor Braunstein, el introductor de Jacques Lacan en México, quien lo mira todas las tardes leer en su sillón de la sala, desde una fotografía donde aparecen juntos.

La llegada del SIDA *fue una experiencia atroz, la cosa más terrible que ha pasado en mi vida.* ”

Al psicoanálisis lacaniano le debe Antonio el asumirse plenamente tanto homosexual como escritor: "He sido carne de psicoanálisis durante muchos años, y en una de las sesiones más breves que tuve, en Francia, en el remate de una conversación dije algo así como: 'Sí, soy homosexual, ¿y qué?'. El psicoanalista me respondió: 'Sí, ¿y qué?'. Y entonces salí del consultorio. En aquella época estaba de moda Queen, la banda británica de rock, cuyas canciones "I was born to love you" y "I want to break free", resonaron en mi cabeza a lo largo de todo el camino de regreso. Yo iba como volando y el efecto fue totalmente liberador".

Fue también gracias al diván que Antonio se decidió a obedecer su deseo de escribir, un "gesto" que le parecía "tan enorme" que no se consideraba capaz de realizarlo. Afecto a llevar diarios, subraya que no se considera escritor por la "cuestión simbólica" que el término encierra; sólo escribe, incluso en los bares gays, donde le gusta particularmente hacerlo porque ahí la gente está feliz. Ahora pide mencionar en este texto, que recientemente desempolvó una colección de nueve cuentos ubicados en la época del impacto del VIH, *Los años oscuros*, que lanzaría electrónicamente en junio (de 2015), y con gran orgullo menciona que uno de ellos apareció en una antología junto a un título "emblemático" de Eduardo Antonio Parra: *Nomás no me quiten lo poquito que traigo.*

Sus cuentos tienen referencias al bar *leather* Tom's de la avenida de los Insurgentes, a su cuarto oscuro, a los *stripers*, el sadomasoquismo y "sobre todo a esa característica tan marcada de la comunidad: las fuertes amistades que entablamos y las dificultades para establecer relaciones de pareja perdurables más allá del cuarto oscuro, razón por la que la irrupción del VIH ha sido aún más desoladora, pues no se nos mueren unos cuates... nos arrancan a nuestros hermanos".

Con 24 años, en 1979, Antonio había dejado por primera vez el país porque no se sentía "cómodo" por ser gay, y se fue a California a estudiar un curso de árabe durante algunos meses en la Universidad de Berkeley. Allá vivió su primera marcha gay.

"Para mí fue la locura porque era un año después de la muerte de Hervey Milk (el primer político estadounidense abiertamente gay, asesinado en San Francisco en noviembre de 1978), y ya te imaginarás cómo estuvo la marcha; además fue la primera que vi; todo lo que se vivía allá era impresionante".

Todo iba bien, hasta que el SIDA echó a perder la fiesta. La llegada de la pandemia le tocó en París, cuando en 1987 estudiaba literatura francesa con Julia Kristeva.

"Fue una experiencia atroz —dice—, la cosa más terrible que ha pasado en mi vida porque entré en una situación de pánico muy fuerte".

Por esa situación, aunque el examen de seropositividad sólo se le practicaba en aquellos años a quienes tenían indicios muy acusados de haberse infectado, Antonio insistió que se lo hicieran porque su estado de shock le impedía dormir.

Cuando llegó por los resultados y le dijeron: "Ah, usted es Antonio Marquet, por favor, pase con la directora de enfermedades tropicales", creyó que el trato especial se debía a que había dado positivo. Pero, después de hacerle una serie de preguntas que los nervios le impidieron entender al joven estudiante, la directora le dijo que no se explicaba por qué le habían hecho el examen y que era negativo.

Una relación amorosa tiene que ver con inventar caminos imposibles y diferentes para transitarlos juntos. ”

Entonces prefirió dejar la Ciudad Luz, adonde había llegado en 1980, y regresó a su patria ese mismo año —1987— para no estar solo.

En México, Antonio se comunicó con sus amigos de la prepa, aquellos que desde la precoz adolescencia habían tenido "marido" igual que él, para compartirles su temor por la epidemia.

"Ellos me dijeron que estaba realmente en estado de shock, que me calmara porque eso no existía, que de algo se iban a morir, que ellos no pensaban en cambiar su vida sexual... A todos los sepulté años después, para mí fue muy duro".

En la víspera de su cumpleaños, Antonio menciona los nombres de esos amigos perdidos como un homenaje: "Carlos, Jaime, Jorge, otro Jorge... Si yo sobreviví fue por algo, y ese algo significa una cuestión activa, así que de cierta manera lo que escribo lo hago en nombre de ellos y para ellos, para revivirlos, para contarles".

¿Qué aborreces de Heterolandia?

Nada, aquí nos tocó vivir, *that's it*. Lo que a mí me molesta es nuestra actitud como gays, nuestra frivolidad, nuestra inconsciencia, nuestro...

¿...Hedonismo?

No. A mí el hedonismo me parece sensacional porque es un signo de la vitalidad. No, el estar aislados de la realidad, el no tener conciencia de la situación en la que estamos, de que el mundo está poblado de mucha más gente. En la reunión de la ILGA (Asociación Internacional de Gays y Lesbianas) de octubre del año pasado (2014), me conmovió muchísimo la gente de África. Una representante de Sudáfrica de unos 60 años, que se veía que estuvo en la primera línea de lucha, reconoció que nunca peleó por un tema de derechos humanos, sino por justicia. Eso mismo le digo a la gente. Los gays no queremos otra cosa que lo que ustedes quieren: justicia y dignidad. Y pedir justicia, dignidad e igualdad en México son palabras muy fuertes.

¿No crees que se ha logrado bastante?

No, no lo creo. Ha habido algunos progresos pero hay nuevas formas de discriminación, por ejemplo, hacia adultos mayores gays que se muestran afecto eso la gente no lo tolera; consideran que los chicos, por jóvenes, no tienen idea; pero cuando son de cierta clase y edad, por aquí, en la zona de Polanco, la gente se pone histérica.

¿Dos sesentones de la mano?

Ajá. Es algo terrible.

¿Realmente crees en la Nación Queer? Porque a los gays se nos critica que no somos comunidad, que somos homófobos, clasistas.

Yo pienso que hay que crear una comunidad totalmente fuera de las nacionalidades. Los mexicanos al grito de guerra son heterosexistas y machos. Ahí no me siento identificado. Para mí la cultura gay es como el cuento "Vallejo y Servetti", de José Dimayuga, que siempre les dejo leer a mis alumnos. Es sobre dos adolescentes que expulsan de la escuela por ser gays, y Servetti le propone a Vallejo que huyan a Japón. Esta situación me conmueve muchísimo porque para mí una relación amorosa tiene que ver con inventar caminos imposibles y diferentes para transitarlos juntos. A mis alumnos, además, les digo que la escuela tiene que integrarlos, porque es el único lugar donde un gay tiene futuro.

Antonio, el perpetuo alumno, que gusta de la estética leather y de la "cuestión osa" (de hombres grandes y peludos) porque se salen de los "estereotipos *fashion* de la *gaydad*", está inventando ahora un camino diferente con Francisco Rocha, con quien vivió 12 años como pareja. Francisco es ingeniero, como su primer "marido", pero en sistemas. Tiene 50 años. Meses atrás se separaron porque Antonio, por miedo a los temblores, se mudó a un departamento en Tecamachalco, a donde su pareja no lo quiso seguir.

Pero acaban de regresar juntos de un viaje a Chicago por el cumpleaños de Antonio, quien luego me contaría que la comida de celebración con mole que le hicieron su mamá y Virginia, su única hermana, con una veintena de profesores y amigos estuvo muy "*arrosé*", llena de champaña por cortesía de Francisco. "Ahora no sé en realidad qué es lo que suceda, porque nos fuimos a Chicago juntos, supuestamente somos amigos, pero me parece muy raro", confiesa. "De Francisco me fascina su inteligencia, sus ganas de vivir, su capacidad única de gozar un viaje y su vigor; es un motor para mí".

Coral Bonelli

El quebranto de una chica *trans*

Entonces, Coral, ¿Dios se equivocó al hacerte mujer en un cuerpo de hombre?

Sí, fíjate que sí.

Pero Dios es perfecto.

Pues no, no lo creo. Mi mamá (la actriz de reparto Lilia Ortega, "Doña Pinoles") era muy católica pero se puede decir que yo soy creyente, nada más. Creo en Jesucristo, él es el único que nos hizo y ya. Se dice, cuenta la leyenda, que él fue pareja de María Magdalena y que aparece retratada con él en la *Última cena* de Da Vinci...

¿A él le rezas?

Sí, únicamente. Sólo entro a la iglesia cuando me nace. Al estar frente a la cruz, digo: "A ver, Chuchito, ¿dónde estás?" Así le hablo: "¡Oye, Jesús, no me friegues, dame chance,

Dios me quiso mandar con este cuerpo de hombre porque en otra vida fui mujer, pero muy puta...

" me estás cargando la mano!" Él es una persona viva que te puede entender en el idioma que le hables; no le finjas porque le va a doler más que seas hipócrita. Como si yo le dijera: "Ay, ya no me voy a dejar hacer el amor", y por acá estuviera con tres cabrones haciéndoles la felación, con perdón. Él diría: "¿Sabes qué, Coral? Sigue como estás, yo sé lo que eres y punto, contigo me fregué y se acabó".

¿Nunca le reclamaste ser mujer y estar en un cuerpo de hombre, o le pediste fuerzas para asumir tu realidad?

No. Yo siempre he dicho que Jesús, Dios, me quiso mandar con este cuerpo de hombre porque en otra vida fui mujer, pero muy puta, y dejé algo pendiente que tengo que pagar aquí. Y también creo que he de haber sido madre de muchos hijos porque aún tengo instinto maternal, me siguen mucho los chamaquitos, la pipiolera. Quizá fui una mujer guapa —quizá más o menos—, pero estoy segura de que fui una chica muy casquivana porque me encanta estar haciendo el amor con uno y con otro.

¿En qué época te imaginas que viviste?

Creo que tuve dos etapas: una como mujer negra, y te digo esto porque cuando oigo tambores, tan ta tatatá taaan, el cuerpo se me pone chinito y empiezo a bailar, como que me atrae la cosa africana. En la película *Quebranto* (que habla de la vida de Coral, dirigida por Roberto Fiesco y ganadora del Ariel al Mejor largometraje documental en 2014), hay una escena con timbales que aún me enchina el cuerpo: cuando bailamos la coreografía del mambo en relación a mi trabajo como bailarín en el Teatro Blanquita. La segunda etapa fue en los tiempos de los franceses.

¿De los Luises?

Sí, yo creo que por ahí, porque me imagino con un corsé de esos que te amarraban con cintas, como María Antonieta. Creo que esto lo puedo descubrir con alguien que sepa leer vidas pasadas, pero la verdad no me interesa, me da mucho miedo, ja, ja, ja. Prefiero estar así, como finalmente soy ahora.

¿Cuándo tomaste la decisión de vivir como mujer?

Hace 20 años, cuando tenía 32.

¿Recuerdas el día de ese renacimiento?

No, pero recuerdo que fue después de mi cumpleaños, más o menos. Nací el 21 de abril de 1963 a las ocho de la mañana, por eso soy tan *güevona*, ¡carajo! ¿Dónde nací? Prefiero dejarlo en el misterio... Quizás asumí esa condición por agosto o septiembre, porque ocurrió cuando estaba trabajando en un bar que se llamaba el Club de los Comediantes, en República de Cuba, adelante del Teatro Lírico, casi esquina con República de Chile, en el centro de la Ciudad de México. Hacía un show travesti y me iba a arreglar a casa de mi hermana Hilda, donde no me conocía nadie, porque aquí con mi mamá, ¿cómo le hacía...?

¿Tu mamá no sabía que estabas trabajando como travesti?

Sí, porque yo le dije. Pero me iba de aquí como hombre, hacía las cosas allá como mujer y regresaba otra vez como hombre.

¿A quiénes interpretabas?

Hacía los números que siempre hago: Lucha Villa y Lupita D'Alessio. Y sólo una vez hice a Astrid Hadad en un show cómico, y otra a Celia Cruz. Al término de las presentaciones me desarreglaba ahí mismo, me ponía mi ropa de hombrecito y ya llegaba tranquilamente aquí, a la casa (un departamento en un edificio deteriorado ubicado sobre el Eje Central, a unas cuadras de la Plaza Garibaldi, donde vive desde 1986). Y un día, ya estaba de Dios, tuve que salir del clóset completamente.

Pero, tu mamá ya sabía que eras gay, ¿no?

Bueno, yo no le decía. Creo que ella tenía la idea porque le dijeron que me habían visto de mujer. Pero les contestaba que yo era actor y hacía papeles así. También le decían que era gay porque trabajaba de bailarín en el Blanquita. Claro está que, antes de ser bailarín, ya había pasado por todo el regimiento, ¡ja, ja! Pero por mi carrera tenía que cuidar mi imagen.

Me estabas contando de ese día que ya estaba de Dios...

Sí, resulta que nadie llevó aceite ni algodón ni crema, y a mí se me habían olvidado mis cosas para desmaquillarme. "Ahora, ¿cómo le hago?", me dije. Pues así me fui a la casa. Y caminé junto con otras dos *jotas*; todavía pasamos al famoso Bar 14, en República de Ecuador. Llegué a la casa casi a las ocho de la mañana. Mi mamá tenía la puerta abierta y estaba trapeando. "Ya llegué, mamá." "¿Y ahora, por qué vienes así...?" "Vengo de trabajar." "Sí, pero vienes de mujer." "¿Qué tiene, qué problema hay?" "No, pero es que los vecinos." "¡Chinguen a su madre los vecinos, yo no trago de ellos!" "¿Qué van a decir? Que hablen bien de una vez porque a partir de este momento se acabó Fernando y entra Laura Roxana. Y si quieres, bien; si no, lo siento. Ya tengo 32 años y punto."

En el documental dices que estabas como una olla de frijoles, a punto de explotar.

Sí. Pensaba, o me acepto yo misma o me aviento al pinche Metro, y adiós... Un día me dice mi mamá: "Ve por las tortillas que ya vamos a comer". Me puse un pantalón dorado de licra como de los años 70 y una blusa; también me maquillé. Y mi mamá replicó: "¿Cómo vas a salir así, qué va a decir la gente?". "Ya te dije que me vale madre. ¡Y me voy a poner chichis —le contesté—, voy a empezar con hormonas y que chingue a su madre todo esto! "

Hace 20 años, cuando tenía 32, tomé la decisión de vivir como mujer. "

Coral señala las paredes de su casa, tapizadas con posters avejentados de las películas que hizo como el niño Pinolito: *Caridad*, dirigida por Jorge Fons, de la trilogía "Fe, esperanza y caridad", en la que actuó junto con Sara García, Katy Jurado y Pancho Córdova; y *El hijo de los pobres*, con Cornelio Reyna, Benny Ibarra y Estela Núñez, dirigidos por Rubén Galindo. Además, en las paredes relucen fotos de las imitaciones infantiles de Raphael que le dieron fama y diversas participaciones en el Teatro Blanquita.

Dijiste que entraste a la vida de mujer como Laura Roxana.

Sí, primero fui Laura Roxana, después Mariela y luego Coral. En el ambiente gay hay muchas vestidas que se llaman Vanesa o Lupita. Si dices ¡Vanesa!, voltean 20 mil. Coral no es muy común. Y tenía una amiga, supuestamente mi noviecita, que se llamaba así. La veía cuando ella salía de la famosa Secundaria 11, aquí en la calle de Belisario Domínguez, porque los chamacos jugábamos futbol en la Plaza de la Conchita. Era muy guapa, haz de cuenta Lucía Méndez cuando era niña. Me gustaba hablar con ella aunque era un poco cortante, no le hablaba a todos porque, lógico, ¿cómo le vas a hablar a los chamacos *brozos* de la cuadra que se la pasan jugando futbol?

Entonces, te gustaban las cosas de hombres como el futbol.

Sí, me gustaban los deportes fuertes: jugué futbol, entrené box y lucha libre. Siempre he dicho que tengo gusto por los chicos y por vestirme de mujer, porque me siento mujer por dentro; pero mi cuerpo, mi constitución y mi masa muscular son de hombre por más que me ponga y me quite.

¿Fernando está enterrado?

Ya se va a enterrar porque pasando las elecciones (intermedias del 7 de junio de 2015) voy a tramitar mi cambio de nombre. Voy a ser Fernanda Coral o Coral Fernanda, no lo he decidido. Fernando no me lo puedo quitar porque es el nombre de mi padre (Fernando Villafuerte Trejo).

Cuando Fernando esté enterrado, ¿vas a celebrar de alguna forma?

Sí, porque si voy a ser mujer, voy a ser una mujer completa y a medias. Una mujer completa porque voy a tener los papeles de mujer, y a medias porque nunca voy a dar a luz un hijo: no tengo matriz, y aunque la tuviera, a mis 52 años saldrían tarados los chamacos. Me hubiera gustado celebrar con mi mamá, pero en honor a ella haré aquí una comida con mi hermana y mis cinco sobrinas.

En *Quebranto* dices que es difícil pensar en lo que pasará cuando los padres se hayan ido, y que llegado el momento de tu mamá, estaría "cabrón" para ti porque siempre vivieron juntas.

Sí, mi mamá murió el 4 de marzo de este año. Tenía EPOC y desde hace ocho años usaba oxígeno. La noche del maldito 24 de diciembre de 2014 cenamos aquí y se fue la luz. Había puesto muchos adornos porque mi mamá me dijo que quizá sería su última Navidad y quería ver su casa muy arreglada. Como se fue la luz, puse un par de velas y después del abrazo mi mamá se quedó dormida en el sillón con la radio encendida. De pronto, empezaron las llamas (en el pasillo) y cuando salí había mucho humo. Los vecinos me ayudaron a sacarla, pero con el frío y el humo se le colapsaron los bronquios, y eso le dio en la madre. Tuvo una agonía fea de dos meses y murió aquí, conmigo, mi hermana y mis sobrinas. Tenía 83 años (nació el 24 de agosto de 1932).

Nací el 21 de abril de 1963 a las ocho de la mañana, por eso soy tan güevona, ¡carajo! ”

¿Cómo era tu familia?

Mi mamá era de Veracruz y tuvo tres maridos, como Silvia Pinal, y de cada marido tuvo un hijo. El primero fue Salvador Vives Orihuela, pariente de Carlos Vives, de procedencia colombiana. Con él tuvo a mi hermana Hilda, que me lleva 13 años. Luego mi papá, Fernando Villafuerte Trejo, que era argentino, mejor conocido en el ambiente artístico como Malafacha, el primer doble de Cantinflas. En las historietas de José G. Cruz salía como el amigo inseparable de El Santo, y también apareció en películas como *Los caifanes* y *El águila descalza*. En paz descanse mi papá; murió el 1 de noviembre de 2001. Y el tercero fue don Pedro García Ramírez, mi padre de crianza (lleva su apellido). Él era de Apatzingán, Michoacán; fue mariachi y el primer guitarronero de Garibaldi, por eso nos trasladamos a vivir acá. El 12 de diciembre de 2006 —creo— salió a trabajar a la plaza, en la esquina se desvaneció y lo trajeron con un derrame cerebral. Murió en la madrugada del 13. Con él mi mamá tuvo a mi hermano Pedro, quien falleció en el terremoto de 1985, con 17 años.

A los cuatro años pensaba que de grande me pondría zapatillas y vestidos hampones de crinolina, con lentejuelas y chaquiras.

“

Cuando tenías cinco años y empezaste a imitar a Raphael con fonomímica en *Noche de aficionados*, ¿tus papás ya se habían separado?

Sí. Supe de él a los siete años, cuando estaba en segundo de primaria y me fue a ver a mi escuela. Mi mamá me dijo: “Sí, es tu papá, no te prohíbo que lo veas pero no puede venir a la casa porque yo tengo a don Pedro”. Así que me iba a ver a la escuela. Nos frecuentamos siempre.

¿Cómo tomó tu padre tu decisión de vivir como mujer?

Al principio estaba que no lo calentaba ni el sol porque decía que yo me hice gay, joto, maricón, como le quieras poner, porque estaba con mi mamá, que ella tenía la culpa porque me buscaba revistas y novios. Y yo le aclaré que mi mamá no tenía nada que ver, que la decisión era mía. Rechazaba mi decisión: “¡Es que nunca ha habido gays en la familia!”. Y yo le contesté, muy segura: “Pues te tengo dos noticias, papá: no ha habido pero ya hay y lo bueno es que soy yo. Si tú me quieres aceptar, adelante; si no, discúlpame, yo ya no puedo hacer más nada”.

¿Cuándo te diste cuenta de tu verdadero género?

Cuando era niña. A los cuatro años pensaba que de grande me pondría las zapatillas de tacón de aguja y los vestidos de crinolina hampones, con lentejuelas y chaquiras que usaba mi madre; esa era mi ilusión. Mi mamá trabajó mucho tiempo en un centro nocturno como vendedora de flores y camarógrafa sacando fotos, y tenía que ir muy arreglada. En el Guadalajara de Noche, el verdadero, el que estaba sobre Honduras, en Garibaldi, conoció a María Félix. Y otra cosa muy importante que me gustaba: las medias de liguero que tenían una raya que cruza la pierna a lo largo. Yo tenía como ocho años cuando las vi en *Salón México* con Marga López, y pensé: "¡Aaaah, me las quiero poner, son fascinantes!" ¡Y cómo sueño todavía esas méndigas medias, porque no las he encontrado iguales! A eso le podemos echar la culpa de que yo sea así, porque a mí nadie me violó. A los cuatro o cinco años ya le agarraba aquello a los chamacos.

¿A tus amiguitos y vecinos?

Sí, un amigo de los cuñados de mi hermana me empezó a enseñar, creo que se llamaba Armando o algo así. Tenía 13 o 14 años y yo, unos cinco. Jugábamos a los cochecitos y me decía que se la agarrara. Y más adelante me pidió que le hiciera sexo oral; yo no sabía pero él me decía cómo hacerle. Siempre estaba bañadito y tenía un olor riquísimo, un perfume que sabía como a merengue. Me gustó y dije: "¡De aquí soy!" Más grande, como a los 14 años, montaba fiestas de XV años y no cobraba, sólo pedía que me dejaran vestirme de mujer y ser el bufoncito de la fiestecita.

Me gusta mucho que en *Quebranto*, el día de tu cumpleaños llegan tus sobrinas a felicitarte y te llaman tía Coral. Igualmente tu mamá te habla en femenino. ¿Finalmente te respetaron?

No podía haber sido de otro modo porque yo les dije que así era, y a partir de este momento se acabó el tío y me convertí en la tía. Si mis sobrinas decidían acabar con nuestro parentesco, adelante. Entonces, mi sobrina, la mayor, que siempre tiene la voz cantante, me dijo: "No hay problema, para mí vas a ser mi tía Coral". Ahora que tenga mis papeles de mujer me gustaría casarme bien, en una iglesia, porque voy a ser la señora Coral. Pero no en una boda colectiva porque después de tanta bronca, de ponerme chichis, andar

Somos mujeres confundidas dentro de un cuerpo de hombre.

de tacones, maquillada, quiero hacer las cosas bien, y me voy a casar con mi vestido blanco o beige pero con muchas bolitas negras porque soy señorita pero con bolitas negras, ja, ja.

¿No sería un sacrilegio?

Yo creo que no porque realmente eso somos, mujeres confundidas dentro de un cuerpo de hombre. Además, en La Biblia, dice Jesús: "Amaos los unos a los otros". Estoy ejerciendo lo que la regla dicta, y en ese contexto todos estamos involucrados. Dicen que la mujer tiene tres días inolvidables en su vida: sus XV años, su boda y su primer hijo. Yo ya cumplí con tener la fiesta de mis XV años. A los 50, hace dos años, me compré mi vestido de terciopelo rojo con aplicaciones en dorado y negro, con guantes y zapatillas rojas. Celebré, aquí, en mi casa, con una fiesta, con baile, con vals y chambelanes que bailaron allá, afuera, en el pasillo.

¿Ya hay novio para la boda?

Había, pero terminé con él. Se llamaba José Antonio y era guardia de seguridad privada. Llevábamos ocho años y me conoció su familia y todo eso. Sabían de la boda, yo ya había ido a ver el vestido y las zapatillas. La boda estaba planeada para cuando yo tuviera mis papales de mujer, pero en un momento dado se deshizo todo, así, sin más, porque no nos pudimos ver en un tiempo y por diversas circunstancias, entre ellas, porque mi mamá estaba enferma.

¿Sabía tu novio que a veces trabajas en las esquinas?

Sí, claro. Si voy a andar con una persona, tiene que saber todo sobre mí, lo que me gusta y no me gusta de la A a la Z, para que no haya bronca. Siempre hablo directo: yo me dedico a esto y tengo amigos que me llaman por teléfono y voy con ellos.

Ya tienes tu clientela...

Sí, yo soy de las antiguas, porque cuando descansaba del cabaret o el teatro me vestía de mujer y me iba a parar a las calles. También trabajé en una agencia de masajes y mis clientes me siguen hablando de vez en cuando. Si voy en el Metro reparto algunas tarjetitas para que me llamen.

¿Tus clientes saben que eres chica transgénero?

Claro, y les encanta por el morbo. Es una falacia eso de: "Yo no sabía, me agarró borracho". ¡Che, por favor! Todos saben que en un lado están las *prostis* y en el otro los maricones, ¿por qué no te fuiste del lado de las prostis? Nos buscan siempre porque supuestamente los jotitos les hacemos muuuyyy rrrico el oral, mejor que una mujer.

No puedes gestar hijos pero entiendo que procreaste una hija.

Tengo dos. Ángela Huesca Rincón, de 33 años; su mamá murió el 29 de octubre del año pasado y nos vimos para ir a dejar sus cenizas a la Villa de Guadalupe. Ella tiene tres hijos y yo le dije que me gustaría convivir con mis nietos. Y supuestamente hay otra hija mía que tiene 24 o 25 años que vive en San Miguel de Allende, Guanajuato. Me vino a ver su mamá, pero yo no me acuerdo de haber hecho algo con ella; a lo mejor me agarró peda o marihuana. Por mi carrera me tuve que tapar con chicas, incluso cuando estaba en el Blanquita, donde viví dos años con una cantante famosa, una gran dama que admiro y quiero mucho, Leda Moreno.

En *Quebranto* tu mamá dice algo muy duro, que de ser un ídolo caíste en un "charco", que no hiciste

nada destacado como mujer, ¿valió la pena el cambio de vida?

Para mí sí valió la pena porque ya no tengo que esconderme de nadie ni estarme tapando. Creo que hoy hay más apertura en el cine y el teatro para que las chicas trans tengamos la oportunidad que merecemos. En la Cineteca Nacional acaban de pasar la película *Estrellas solitarias* (ópera prima de Fernando Urdapilleta, del Centro de Capacitación Cinematográfica, CCC), en la que hago un papel pequeño como activista trans. Y también estoy ensayando una obra de teatro, *Chamaco*, con un papel de chica trans. Así que después de mi proceso, como dice la canción de Raphael, "Mi gran noche" (con la que cierra *Quebranto*): "¡Hoy puedo reír y soñar y bailar disfrutando la vida!"

Daniel Vives, La Supermana
Un faro sobre tacones

Daniel Vives aparece por mi calle. Camina con una bolsa de McDonald's en la mano izquierda y en la otra el vaso de refresco con popote que va tomando. Lo ilumina una gran sonrisa. Su voz suena clara y ronca cuando me explica a la distancia: "No encontraba dónde estacionarme". Voy a su encuentro y nos saludamos de beso frente a una pareja que pasea a su perro y escudriña al alto hombre vestido con una elegante blusa negra de rayas en gris y beige, pantalón oscuro, cabello largo teñido de caoba, discretos aretes y maquillaje. Daniel luce una gran cadena al cuello rematada por un pendiente solar que se bambolea a su paso.

Lo tomo del brazo y, segundos después, sus altos tacones lo hacen trastabillar. "¡No mames, tantos años de usarlos y todavía me pasa esto!", dice riendo.

Mientras abro la puerta de la casa, me pregunta si es propia. Cuando le digo que sí, el actor suelta una alabanza al cielo y estampa el carmín de sus labios en la blanca fachada. "Ahora, esta casa está supermegamana protegida", advierte con el tono caricaturesco de La Supermana, la heroína *drag queen* del programa de televisión *Desde gayola* de Horacio Villalobos, que lo hizo famoso y a la que, me confesará después, en algún momento llegó a odiar porque nulificó a Daniel.

Antes de empezar la entrevista quiere fumar, y con gran amabilidad acepta hacerlo junto a la ventana de la sala. Pasa por alto el ofrecimiento de un mezcal o una cerveza y escoge el té Twinings de raspberry & echinacea por el color del sobrecito: "¡Rosa, siempre rosa!".

Desde la primera pregunta, en la conversación aflora el humor que irá pasando por todos los registros de la risa, salvo cuando se refiere al padre que se divorció de su mamá con malas mañas para desentenderse de su manutención de los 3 a los 15 años. Daniel no quiere concederle el más mínimo "foco" a ese "cabrón", por lo que no revela su nombre ni el de la cadena de panaderías por la que es un "hombre acaudalado". A saber si en ese episodio de su biografía está el origen consciente o inconsciente del canto de batalla de la heroína trans, cuando alguna mujer en desgracia se pregunta quién podrá socorrerla: "¡La Suuu-per-ma-naaa, paladina de las mujeres ultrajadas, violadas, vilipendiadas, embarazadas a güeeevo!".

Esta tarde de un miércoles de julio, Daniel habla sin prisas, con gran sinceridad, de la vida que "tantas veces se ha puesto guapa" para él, por lo que está agradecido al sentirse "un instrumento del universo". En materia de súper héroes, se declara fascinado por Batman debido al "conecte tan cabrón" que tiene con los vampiros. Y es que, desde su infancia, los personajes fantásticos lo han ayudado a salir adelante y construir poco a poco el "monstruo que ahora soy". Por eso, de inmediato entra al juego de desdoblarse, totalmente dueño del escenario, cuando le digo:

Llevo conmigo todo lo que la mujer necesita: un dildo, un hombre, una cuenta bancaria nutrida, joyas y autoestima. ”

—Supermana, háblame de Daniel. ¿Cuándo nació, cómo era de chiquito, cómo se dio cuenta de que era rarito, quién era su familia, sus novios?

—¡Todo eso en una pregunta! (ríe). Bueno, vamos a responderlo.

Y a ello dedica 45 minutos, tiempo en el que continuamente golpea sobre la mesa sus grandes manos con uñas color marino, hace inflexiones de la voz propias de un histrión "chingón" —como su madre y su abuela querían que fuera en todo— y despliega una honestidad magnética:

—¿Dónde nací? A ti te lo voy a contar porque es necesario que alguien lo sepa. Siempre digo que soy de Oaxaca. Me parece que es un lugar mágico que requiere de mucho foco; tiene algo que me conecta. Cuando voy allá encuentro afinidad, sobre todo con la gente porque su forma de ser no la encuentro en otra parte del planeta.

Es como cuando tienes una familia pero escoges a la que quieres, y por eso me gusta decir que nací en Oaxaca, en un pueblo chiquitito del Istmo de Tehuantepec; que de ahí nos trajo mi abuela Elena al Distrito Federal y aquí es donde Daniel Vives sucede.

Todo mundo sabe eso pero es mentira.

Nunca he sentido ningún tipo de vejación o violencia, aunque una vez me gritaron: "¡Adiós, pinche puto!", desde un camión de la basura.

"

También me gusta decir que soy de Oaxaca porque mi abuela no sabía de dónde era. Esta es otra historia, pero su madre, a quien le decíamos "La Mata", nunca le quiso contar de dónde era, y mi abuela vivía con esa tormenta en su cabeza. Pudo haber sido de Oaxaca porque era una mujer muy mágica, muy bruja; yo la veía como una gitana con sus collares, y creo que tengo ahora un poco de eso.

Yo nací en la Ciudad de México, el 1 de marzo de 1966. No tengo problema en decir el año, todos tenemos cara de lo que hemos vivido, es tan sabroso y fantástico tener los años que tengas porque son tus medallas, las llevas colgadas en el pecho.

Mi madre es Elvia Vives Rodríguez. Llevo su apellido porque mi padre (tose)... ¿Tienes servilletas? Es que voy a llorar. Mi padre, cuyo nombre no quisiera recordar porque él me tiene en el olvido, fue un *junior* que se desentendió totalmente de mí. Es biólogo marino y mis abuelos son dueños de una cadena de panaderías, pero no voy a decirte cuáles porque no quiero darle foco. Así como para Oaxaca toda la luz, para él nada.

Cuando cumplí tres años de edad, este cabrón se divorció de mi madre, y en los papeles que le dieron a firmar los abogados incluyeron una hoja donde él se deslindaba completamente de la manutención de mi hermano menor (Arturo Vives Rodríguez) y de mí.

Fue un golpe tremendo cuando se dan cuenta mi madre y —sobre todo— mi abuela. Hasta la fecha me duele mucho, y por eso pido servilletas (ríe apagadamente y tose). A veces se me atora. Esto no lo puedo decir nunca con mi mamá porque yo me tengo que hacer fuerte así como ella lo ha hecho.Lo cierto es que no tengo una imagen masculina tal cual porque de los tres a los 15 años no supe nada de mi papá. Pensaba que todos éramos niñas, hembras, porque sólo veía a mi abuela, mi madre, mis tías y muchas primas que tengo. Estaban mis tíos también, claro, pero ellos como jóvenes iban, subían, bajaban y no eran una referencia. Será por eso que soy tan ambiguo.

Mi tía Alicia, que en paz descanse, me decía: "Qué chistoso, tú desde chiquito ya eras así". Porque yo le dije: "Ay, tía, estos niños que usan falda no me gustan, es que huelen feo". Yo tengo un sentido del olfato tan desarrollado que percibo mucho los olores, y las niñas —mi tía me explicó que eran niñas—, las mujeres, huelen a algo que no me gusta, supongo que son los estrógenos, no sé. Entonces ahí comencé con la bronca de cuestionarme: "Y yo, ¿qué?".Un día en la escuela empiezo a ver que todos tienen mamá y papá, y pensé: "O sea... ¿cómo?", pero te estoy hablando de que yo era muy chico. Tengo tan claro un momento en el que mi madre me acababa de bañar y me estaba secando —yo tendría seis o siete años—, cuando le dije: "¿Quién es mi papá...?", hubo un silencio incómodo y me siguió secando. Luego, ella contestó: "Sí, tienes un papá, pero no vive con nosotros". Y de inmediato le pregunté: "¿Qué es un papá?", ella respondió que era esto y aquello... —"¿Como mi abuelo...? —le dije y ella asintió—. ¿Pero mi papá va a regresar, como mi abuelo lo hace...?" Y lo negó rotundamente: "Tu abuelo regresa porque hace viajes, trae cosas, turistas...".

Ese fue el primer *toooing* (se pega con la palma de la mano en la frente).

Cuando era chiquito, vivía con la confusión de por qué me gustaba el rosa y no el azul, por qué debían existir esas diferencias, por qué tanto rollo si todos somos iguales...

Conforme fue pasando la vida me empecé a interesar en los niños, y tuve mi primer noviecito en el kínder, se llamaba Nahum. Es el primer recuerdo que tengo de alguien con el que hice clic. Era bien lindo, hacíamos todo juntos y me enamoré de él.

También, de chiquito, conocí a Carlos Rangel, La Manigüis (otro personaje del programa *Desde gayola*). Y al conocerlo (en la secundaria) descubro al primer gay, porque pensaba que yo era el último (risillas).

Para esto, yo había pasado muchísimas vejaciones en la escuela (primaria Delfina Huerta), porque era muy torcida, pero yo no me daba cuenta y no entendía por qué me veían diferente los niños y me chingaban diciéndome cosas como nenita.

Hasta que empecé a entender y dije (con voz teatral): "¡Ah, es que creen que soy niña, qué maravilla!". Y entonces encontré un arma para defenderme: usé lo femenino para agradar, usé todo lo que veía en esas heroínas fantásticas de programas como *Mi bella genio*, *La mujer biónica*, *La mujer maravilla*.

Así inició mi vida doble, me volvía como ellas a la hora del recreo para agradar a los chavos. Además, como soy piscis, soy sirena, mi signo me remite a la magia pura y así es como fui encontrando un acomodo para lo que tenía en mi cabecita.

En la secundaria mi mamá me inscribió a una escuela de varones, el Cultural Masculino Porvenir, para que acabara de encontrar lo masculino. Y ahí (risa traviesa) me encuentro en

En mí vive una seguridad que es lu-jo-sa, y cuando camino por la calle retiembla la Tierra ”

Disneylandia, como si mi mamá me hubiera dicho (la imita): "Órale, mija, vaya a divertir a los soldados al vagón". Ahí conocí al amor más importante que he tenido, Mario Lamerio, de Galicia, que tuvo un detalle fantástico porque me dijo: "¿Quieres ser mi novio?" Tenía 15 años y sus palabras todavía me retumban, me enorgullecía sentirme tan femenino. Le dije que si lo podía pensar. Lo pensé como tres días, "¡dioses!, ¿qué hago?" No podía consultar a nadie, claro. Le respondí que sí y empezamos a ser novios, pero bien, como debe ser, de salir, subir y bajar. Y a través de Mario me hice amigo de los malos de la escuela. Luego, todo mundo me empezó a respetar y es cuando sentí por primera vez el poder, no dentro de mí (carcajadas); el poder que puedo ejercer. Entonces me convertí en el protector de la escuela a través de los malos, que chingaban mucho y fumaban mariguana; yo no fumaba porque (en el papel de tía solterona) yo era una señorita decente que tenía novio.

Mario tenía una moto en la que me llevaba a mi casa, pero antes hacíamos una parada en la Segunda Sección del Bosque de Chapultepec y lo más *heavy* que hicimos fue darnos ahí los primeros besos, esos que se dan con fuego. Y luego vas descubriendo que todavía hay máaas: por ejemplo, 22 centímetros y medio, *ufff*. Porque a mí me han tocado unas vergas fantásticas, impresionantes, ¡bendito Dios!

Claro que ya había conocido pitos, muchos, pero sin morbo, sin embargo, con Mario descubrí esta parte fantástica de la pasión. Esto se lo agradecí, descubrimos juntos una vida muy chingona. Con él me fui a Europa, y aquí es donde entra mi papá.

Lo que me importa es que me vean, me desmenucen y, sobre todo, que piensen.

Un día de san Juan estaba yo en la escuela y entra el preceptor y dice, delante de toda la clase, "Daniel Vives, baje a la dirección, que lo está esperando su papá". Todos me vieron con cara de... ¿tu papá...?

Y entonces bajé y me topé con un señor que me saludó: "Hola, ¿cómo estás? Yo soy tu papá". Así, como te lo estoy contando. ¡No me digas, cabrón! Recuerdo que caminamos por las canchas del colegio, que son interminables. Él lloró y me dijo mil cosas de las cuales no recuerdo ni una palabra.

Mi padre empezó a sustituir el cariño que no nos había dado por lo monetario, y cuando lo entendí, me aproveché. Mario quería que viajáramos en el verano a España; él iba a visitar a sus abuelos en Galicia. Yo estaba viviendo mi cuento de princesa y no me quería enterar de los manoteos que había entre mis padres, porque mi madre se empezó a apoyar otra vez en él para que mi hermano y yo tuviéramos una imagen paterna, aunque fuera tarde.

Mi madre, que hasta la fecha me ve como algo tan raro, no me acaba de acomodar, puso el grito en el cielo cuando le dije que me quería ir a Europa, y me llevaron al psicólogo. Después de tres sesiones, el doctor Iturbe me dijo: "Tú no tienes absolutamente nada, el pedo es de tus padres y vamos a ver la forma de que te vayas a Europa". Y así fue.

En ese momento, España estaba con la movida a todo lo que daba y yo veía en Madrid gente de otro planeta, niñas vestidas de una manera fantástica, hombres súper rebeldes; ni siquiera pensaba en etiquetas sexuales, existía la libertad de hacer lo que quisieras. "¡De aquí soy!", dije.

Mario se había ido antes; cuando lo vi en Galicia, lo primero que hizo fue volverme a encasillar en ese cosito que significaba México, porque me dijo: "Aquí no haces, no tornas y vamos a tener novias porque están mis abuelos". ¡Era de una doble moral...!

Ahí es cuando tengo a mi primera y única novia, Salomé, que era muy linda. Y entonces, en este cuento de hadas, Mario toca por primera vez la tecla negra porque aparece una muchacha, Marisol, que era su novia.

Yo sufrí terriblemente, al grado de mandar todo a la chingada y regresarme a Madrid, donde la sociedad española estaba viviendo desaforadamente, en una vorágine de emociones. Vendí zapatos, estuve de mesero, me uní a una caravana de gitanos y me enseñaron a robar, me extralimité en drogas, ufff. Fue la culminación de la base que tengo, demostrarme que puedo salir adelante donde sea, con quien sea y de la forma que sea, haciendo cosas que dejen a la gente chata. En ese momento entendí y me dije: "Esta va a ser mi armadura para el resto de la vida". Claro, cuando regresé a México (casi un año después), llegó otro ser humano. Mi madre y mi abuela —que era más cabrona—, me guiaron y ayudaron a ir acomodando las experiencias dentro de mí para llegar a ser esto que ahora ves: un plan travesti, un plan hombre-mujer, porque soy un hombre que no va a ser nunca un hombre, y una mujer que nunca va a ser una mujer. Es muuuy complejo.

Nunca he sentido ningún tipo de vejación o violencia, aunque una vez me gritaron: "¡Adiós, pinche puto!", desde un camión de la basura. En mí vive una seguridad que es lu-jo-sa, y cuando camino por la calle retiembla la Tierra, la gente se queda estupefacta y antes de decirme algo se la piensan 18 veces. Lo que me importa es que me vean, me

desmenucen y, sobre todo, que piensen. Hasta aquí, creo que ya respondí tu primera pregunta, ¿verdad?
Daniel Vives me sigue contando que se convirtió en actor porque desde la infancia era "muy figuroso" y aprendió a ser el "mago de la lámpara", aquél que concedía deseos y hacía que la gente "creyera cosas".

Aunque su mamá quería que estudiara Ciencias de la comunicación, su abuela le sirvió de "tapadera" para inscribirse en la escuela de actuación de Silvia Derbez, quien muy pronto le vio talento y lo llamó a un grupo especial.

Como era "muy quebrado", la "bendita Silvia Derbez", le dijo: "Eres un joto espeluznante, tienes que mover eso porque ya de por sí eres bastante ambiguo, así que vamos a darle una vuelta de tuerca".

Entonces le asignó papeles de reyes y dioses que le enseñaron a manejar los pesos escénicos y redondearon su seguridad para, agrega sacándose un relleno del brasier, "decidir si me ponía o no tetas, si me cortaba el pito o no".

Los papeles femeninos empezaron en la misma escuela con el personaje de Clara de *Las Criadas*, de Jean Genet, para el que su madre le enseñó a usar tacones subiendo y bajando escaleras, "como lo hace un reina, sin mirar los escalones".

Su "primer-primer travesti" fue un eunuco en *Sherezada*, una puesta en escena de Enrique Cahero y Olga Cassab en el Polyforum Cultural Siqueiros. Quien selló su destino fue la representación de Christine de *El fantasma de la ópera*, que interpretó en Shadeé, un antro gay de Cuernavaca, porque "los aplausos de esa noche me acabaron de embelesar, de hipnotizar y los puedo escuchar hasta hoy".

Tras presentarse como *gogo dancer* en antros como El Box y La Bola, Daniel armó el show Las hermanas vampiro, con

Oswaldo Calderón, en el que sigue actuando los domingos por la noche en el bar Papi, de la Zona Rosa. Su "talismán", sin lugar a dudas, es La Supermana. Esta anti heroína que termina cogiéndose a los hombre de las damiselas en desgracia que la invocan, la creó con el productor y conductor Horacio Villalobos —"ese obelisco en medio del mar"— para el programa gay de sketches satíricos *Desde gayola* (Telehit, febrero 2002-agosto 2006; Canal 52 de MVS, agosto 2008-enero 31, 2013).

El buen humor me salva. ”

"Hasta la fecha, la gente la ama", afirma del personaje de botas de caña arriba de la rodilla, *body* azul con minifalda, un chalequito de plástico que le regaló Gloria Trevi con la advertencia: "Es de Mitzi, para que lo aprecies"; collar y brazalete *leather*, tiara porque tiene "alta jerarquía", peinado "como de señora" y maquillaje drag queen.

"No tengo cómo agradecerle a la gente tantas muestras de cariño después de que se terminó el programa; porque si bien he hecho mil y un cosas en radio (*Triple G*, en XEW) y cine (*Así del precipicio*, *Asesino en serio*, *La hija del caníbal* y *El hotel*), nunca acabo de revisar todo lo que me ponen en Facebook ni en el Twitter de la Supermana".

Algo le caerá gordo a Daniel de la Supermana...

Nada. Me parece fantástica, aunque un día llegué a odiarla porque borró a Daniel. Lo que la gente quería era que saliera este putón de los súper héroes y dijera tres pendejadas, y ya, y yo tenía más capacidades. Hasta que oí decir al maestro Raúl Quintanilla de TV Azteca: "Cuesta tanto que algo se quede en la cabeza de la gente, que aprovéchalo". En ese momento dejé de odiarla.

¿Cuál es tu arma secreta, Supermana?

(Con la actitud del personaje) Ay, la tengo integrada en el culo, pero no te la puedo mostrar aquí (carcajadas).

¿Qué llevas en tu bolsito?

En el *supermegamanaquí* llevo absolutamente todo lo que la mujer necesita: un dildo, por ejemplo; un hombre, una cuenta bancaria nutrida, joyas, autoestima.

¿Cuál es el tipo de hombre de la Supermana?

¡Ay, uno al que no le afecte la criptonita!

¿Cómo te llevas con tu hermano Superman?

Pues casi no nos vemos. Es como el pariente incómodo para mí porque eso de usar mallitas en una mujer es fantástico, pero en un hombre es una vergüenza (carcajadas).

¿Qué súper héroe te gustaría que te echara los perros?

El Hombre Araña. Busca en internet "el Hombre Araña encuerado" y te vas a sorprender, sí.

¿Te echarías un mano a mano con la Mujer Maravilla o papaya ni de súper heroína?

No, la papaya ni de *supermegamanaheroína*. Aunque la admiro mucho porque es como la bisabuela de la Supermana.

Has declarado que eres una "mujer con antena", ¿siempre traes el radar encendido?

¡Por supuesto! A mí, el Grindr (truena los dedos) me hace los mandados. Yo puedo localizar chacales mucho mejor porque donde pongo el ojo pongo al padrote. Sí, ¿cómo no?

¿El humor todo lo vence?

Sí, todo lo puede, ¡todo! Si bien es cierto que te cuento la parte bonita de mi vida, también hay una parte que es oscura, y cuando he estado en esos terribles hoyos, de hecho estoy pasando por uno, me río, río y me digo: "¡Claro, eso te pasó por pendeja, tienes que aprender". El buen humor me salva.

¿Que te hace reír, Supermana?

Ay, mira, cualquier cosa. Me río hasta de verme en el espejo maquillándome. Para qué ver la vida como algo serio, mejor nos reímos mucho y así sale uno hasta del hoyo más cabrón.

¿Cuál es la criptonita que te podría aniquilar?

No la hay (carcajadas). Por eso digo que quiero un hombre al que no le afecte la criptonita, porque ellos siempre se quiebran y yo necesito un hombre repelente a todo, que sólo sucumba a mis encantos.

En *Desde gayola* hacían escarnio de los políticos, los artistas de televisión, la religión y hasta de los narcos, ¿de qué no te burlas jamás?

Híjole, es que me burlo absolutamente de todo... Bueno, lo que es muy serio, de lo que no me burlaría nunca, es de la belleza, de la belleza que se encuentra en la planta de los pies porque cuando la gente me dice: "¿Cómo puedes andar con tacones?". Les respondo: "Si toda una vida he deseado subirme en ellos, ¿tú crees que me voy a bajar?". De eso no me burlo, de una mujer que camine bien con tacones, mis respetos.

¿Cómo es la vida en tu lugar de origen, el Planeta Tacón?

Ay, es faaantáaaassstica, súper travesti, como ese lugar que hay aquí en la Tierra (el Club de Roshell, de la actriz y activista trans Roshell Terranova), donde puedes hacer lo que quieras y sólo te piden que seas diferente.

¿Crees en un ser superior o te bastan tus súperpoderes?

Me bastan mis *supermegamanapoderes*, aunque no niego que soy un instrumento del universo creado por Dios padre todo poderoso.

¿En qué circunstancias la Supermana le ha salvado la vida a Daniel?

Más bien se la ha complicado (risas). Bueno, me salvó de una demanda por 2 millones de pesos, cuando en uno de estos huecos en los que no hay trabajo, edité un disco, *Ego*, que había hecho en España con los productores de Sentidos Opuestos. Busqué al productor mexicano y no lo encontré, así que le cambié la foto de portada y algo de diseño adentro porque no me gustaba, pero el disco era tal cual, y tenía a la Supermana en la contraportada. Y ya, motivo de demanda. Horacio Villalobos me puso a tres abogados de Televisa. Estaba llorando en el baño porque era bote y que digo: "¡Supermana, Supermana, Supermana...!" Claro, los pendejos de los abogados no pudieron ver que el personaje estaba registrado un año antes que el disco y entonces los productores habían mercado con una imagen sin permiso de una empresa muy piadosa que es Televisa. Así me salvó la Supermana, y también de quedarme enmohecido en un rincón.

¿Qué misión importante te ocupa hoy?

La misión importante es quererme yo, más, mucho más. Porque cada vez te vas quedando más y más solo. Además, alguien tan seguro como yo da miedo, es como la gente guapa, da mucho miedo. Y mira que he tenido hombres fantásticos, pero he roto con absolutamente todo y estoy renaciendo.

Ya en serio, ¿no está cabrón ir por la vida vestida así como heroína drag?

Sí, hay que buscar un mejor diseñador (carcajadas). Está muy cabrón, pero mi intención es hacer que la gente piense, es lo único que quiero con esto, no sólo llamar la atención a lo pendejo. Hoy, un gay como yo es muy cotidiano, entre comillas, en una sociedad de machos, donde mañana podría ponerme bigote y salir como Panchita Dolores, o si me lo propongo salir también en bikini, pero prefiero ser como un faro inspirador para que la gente piense.

¡Gracias por tu ayuda, Supermana!

Deja, que todo se quedó grabado. Ojalá que algunas partes se oigan *sckraaach*.

¡Nooo, porque entonces tendré que invocar a la Supermana!

¿Otra vez, mi vida?

Horacio Franco
El burro que tocó la flauta

La vida de Horacio Franco es como un concierto de Vivaldi, "lleno de testosterona, estamina y vigor". El flautista que al cumplir 30 años de carrera en 2008 apareció desnudo en el número de abril de la revista *Boys&Toys*, reconoce que no tiene pudor y le gusta provocar. "¿Por qué no? La música también es una provocación de sentimientos y sensaciones", dice el artista que se ha presentado en las mejores salas de concierto del mundo vistiendo camisas desabotonadas de colores brillantes, pantalones ceñidísimos con estampados estrafalarios y botas puntiagudas.

Más que barroco, se considera "muy retorcido, churrigueresco", e igualmente ha fantaseado con la idea de participar en una película porno gay. "Pero tendría que ser una oferta muy buena y garantizarme que no me quitaría

Me encanta la academia, tener contacto con los chavos, darles lo mejor y sacar lo mejor de ellos.

chamba como músico porque en México vivimos en una sociedad tan de doble moral que todo lo que hagas o digas puede ser usado en tu contra".

Eso en realidad poco le importa, porque Horacio hace honor a su apellido y siempre habla sin cortapisas hasta de los temas más íntimos: "Me gusta dormir encuerado, aunque haga frío, y si es el caso sólo me pongo una bufanda para no enfermarme".

El virtuoso que aparece, flauta en mano, con un desnudo frontal captado por Maritza López en *Músculo corazón* (La Cabra Ediciones, 2013), agrega: "Y si la entrevista irá en un libro para gays, tengo otra intimidad que sólo saben los que se acuestan conmigo... Pero no, mejor no, me da un poco de pena (risas)".

—Tú no tienes pena, Horacio, cuenta...

—Sí, ésa sí me da pena porque es más íntima... Tengo una muy buena erección, puedo estar dos horas o más sin que se pierda. Por eso soy muy de la flauta dulce.

Esta mañana primaveral, víspera de la Semana Santa, el músico viste una playera roja —su color favorito— con tres palabras en un círculo: "GYM PERFECT BODY". La prenda, muy escotada y sin mangas, deja ver un pecho y brazos tatuados de atleta joven —a pesar de sus 51 años—, y se coordina con un diminuto short blanco que alarga sus piernas musculadas y le marca el rotundo trasero que le gusta lucir en la bicicleta que usa como su medio de transporte.

Para hablar de su vida, subimos al *roof garden* de su casa, en la calle Ámsterdam, de la colonia Condesa, acondicionado por Arturo Plancarte, el arquitecto con el que ha compartido su vida durante 16 años. Al sentarse bajo la sombrilla de la mesa donde la pareja suele comer a diario, Horacio marca el tono de la entrevista antes de que corra la grabadora: "Pregunta lo que quieras".

—¿Todo en Horacio Franco es natural?

—La nariz no, me la hice porque no me gustaba una curva que hacía que me pareciera mucho a mi mamá (risas). Quiero mucho a mi madre (fallecida en 1990), pero tengo con ella una situación muy dual de amor y odio: si no fuera por ella, no habría sido tan perseverante para salir adelante, pero la odié cuando me negó el derecho de ser abierto y contarle mi vida gay.

Horacio Daniel nació el 11 de octubre de 1963 en plena Zona Rosa, en la Ciudad de México, en un hospital en la calle de Varsovia, y creció en las colonias populares Portales y Sinatel. Su familia, dice, era "altamente matriarcal y machista mexicana" y estaba compuesta por cuatro hijas y dos varones. Él llegó como "pilón", pues entre su hermana Laura (la penúltima y también homosexual) y él hay nueve años de diferencia.

La madre, Lourdes Meza Vargas, era una "persona muy manipuladora pero disciplinada, que quería para sus hijos una vida mejor a la que ella tuvo". Originaria de Chilapa, Guerrero, perdió a su padre cuando era niña y con su madre y tres hermanos llegó al Distrito Federal "caminado, porque no tenían ni para el camión". Esa abuela, analfabeta, trabajó como sirvienta en las casas de la colonia donde hoy vive Horacio, y su madre tuvo que dejar la primaria para ayudarla; fue recamarera en un hotel.

Originario de la Ciudad de México, Jorge Franco Hurtado, el padre del músico, también quedó huérfano en la niñez y no estudió más allá de la escuela elemental. "Pero tenía menos carácter que mi mamá, y se conformó con trabajar en cantinas toda su vida".

Al ser el "chiquito" de la casa, Horacio fue muy consentido por sus hermanas. "Era un niño echadísimo a perder, berrinchudo y faldero", confiesa. "Pero cuando tenía siete años y acababa de entrar a segundo de primaria, mi papá perdió el empleo y todas las mujeres tuvieron que ponerse a trabajar, así que me quedé sin mamás que me consintieran y fue algo providencial para mí porque aprendí a estar solo y me dediqué a leer y leer".

—¿Fuiste un alumno muy aplicado?

—Sí, era muy nerd, casi siempre sacaba 10. Cuando tenía un nueve mi mamá decía que era un burro.

—¿Sufriste *bullying* en la escuela?

—Muchísimo.

—¿Porque eras amanerado?

—No, fíjate que no se me notaba pero como era el niño que no jugaba al ver una pelota porque me daba terror, aunque dos pelotas no (risas); entonces me decían maricón. Además, era muy aplicadito, ya había descubierto la música como mi camino en la vida y siempre me estaban jodiendo, pero no me importaba mucho. La música me permitió volcarme en algo constructivo, tenía un talento natural.

Horacio ha contado muchas veces que fue en secundaria, a los 11 años, cuando descubrió su vocación al oír a una compañera tocar el piano.

La semana pasada (mediados de marzo de 2015), Horacio Franco dio un concierto en Monterrey y —asegura— siempre que se presenta en esa ciudad, aquella compañera lo va a escuchar, y él le dice a la gente: "Todo lo que están oyendo es por ella: María Claudia Aguirre Parra; fue el detonador porque cuando la escuché tocar a Mozart transformó mi mundo y decidí dedicarme absolutamente a esto".

Soy muy terco, siempre me he considerado como la trompa del tren y si quiero algo que valga la pena, lo consigo ”

También, a los 11 años, el futuro virtuoso del instrumento fálico por excelencia asumió su preferencia homosexual. Aunque fue hasta los 13 años cuando tuvo su primera relación sexual con Jaime Velázquez Marmolejo, unos nueve años mayor que él, a quien se ligó en el extinto Sanborns de Niza.

—Entonces fuiste un niño precoz.

—Demasiado precoz. Ahora que me recuerdo, desde el kínder me gustaban los niños y en la primaria me enamoraba mucho de mis compañeritos de banca. También veía con mucha ternura a las niñas, pero ahora creo que era una imagen más materna. A los 11 años, en primero de secundaria, empecé mis amoríos con un vecino de la Portales, Jaime Alejandro Juárez Carrejo, que hoy es el mánager de (la cantante) Margie Bermejo. Fue mi primer novio de mano sudada y beso sudado también.

—¿Iban al cine o qué hacían?

—No, mi mamá lo detestaba porque era muy amanerado. Curiosamente, ella había tenido un par de amigos gays, Lázaro y Arturo. Uno trabajaba en la Cámara de Diputados, creo que era diputado, no me acuerdo, y el otro tenía una tintorería, era el tintorero de mi casa. Mi mamá los quería y hablaba mucho con ellos. Además, mi pediatra era gay y le fascinaba; aunque no se hablaba en mi casa del asunto, para mí no era ningún secreto. Así que yo pensé que no iba hacer un escándalo conmigo, pero fue todo lo contrario.

Yo creo en la fidelidad de pareja pero no en la exclusividad sexual.

—Tenías 15 años y ya estabas en el Conservatorio Nacional de Música cuando se lo dijiste. ¿Cómo fue?

—Como buena madre manipuladora mexicana, la mía usaba el chantaje como arma. Yo estaba en un ensayo con compañeros del conservatorio y me llamó de emergencia para decirme que se iba de la casa porque ya no aguantaba la situación y no sé qué más. Terminé el ensayo y cuando llegué a verla, me dijo: "Me voy de la casa porque tus hermanos dicen que tú eres de esos". No se atrevía a decir la palabra. "Pues sí soy, ¿y qué?", le respondí. ¡No se lo hubiera dicho, se le cayó el mundo! Me acosó de una manera terrible el siguiente año, de los 16 a los 17. Tuve que ir al psiquiatra. Era 1979, cuando la homosexualidad todavía se consideraba una enfermedad, pero yo le dije: "Estoy seguro de lo que quiero, ya he tenido muchas relaciones sexuales con amigos y tengo novio". El médico me dijo que no estaba enfermo y que mi mamá era quien debía cambiar su mentalidad.

Esta situación reforzó en Horacio el sueño de estudiar en Holanda, una democracia avanzada y tolerante con la diversidad sexual, donde estaba el Sweelinck Conservatorium de Ámsterdam, la mejor escuela de flauta, instrumento que en México se tenía que estudiar de manera autodidacta, pues en el Conservatorio Nacional no había un profesor especializado.

"Soy muy terco, siempre me he considerado como la trompa del tren y si quiero algo que valga la pena, lo consigo", asegura al hablar de esa etapa de formación.

En la década de 1980 no había becas para un músico que se interesaba en un instrumento considerado escolar, para aficionados, o que tenía un repertorio clásico limitado. Así que Horacio tuvo que aplicar su terquedad: grabó un casete que envió por correo a la escuela holandesa con la solicitud de ingreso, y logró reunir un poco más de 12 mil dólares gracias a que su familia lo apoyó para que ahorrara su sueldo como profesor de la Escuela Nacional de Música y del Conservatorio donde estudiaba, y a que ganó 6 mil dólares en un concurso de ensayo organizado por la Enciclopedia Británica. El texto que presentó era sobre los 300 años del natalicio del músico barroco alemán Georg Phillip Telemann (1681-1767).

"Uno de los momentos más felices de mi vida fue cuando todo estuvo arreglado y me di cuenta de que mi mamá ya no controlaría mi vida —confiesa—. Grité de alegría en la escalera eléctrica del aeropuerto, en el momento en que dejé de ver a mi familia".

Al ser moreno, fogoso y con 17 años, habrás causado sensación entre los güeros holandeses, ¿qué hiciste para que tu nueva libertad no se convirtiera en libertinaje?

Hice conciencia de que había ingresado a la mejor escuela del mundo. En México era la mamá de las gallinas cuando tocaba la flauta en algunos conciertos y festivales, pero allá se me cayó la quijada al ver madrezotas holandesas, noruegas o danesas de dos metros, y también japoneses de 1.50 cm que tocaban impresionantemente bien.

¿Te golpeó el ego?

Mucho, porque piensas: "Soy talentoso, pero todavía me falta un chingo". Llegué en agosto-septiembre de 1981, y lo primero que me impactó fue la libertad. Conocí a un muchacho en un ensayo con amigos, Menno Plukker, y nos hicimos *sex friends*. Íbamos por la calle beso y beso, lo que aquí hubiera sido imposible, pero allá nadie nos pelaba. ¡Qué maravilla de país! Pero al ver a los compañeros de la escuela me dije: "¡Ay, güey, con todo lo sexualmente activo que pudiera estar, tengo que buscar el balance entre ese deseo y el de, literalmente, chingarme a estos!"

¿Tuviste que llevar una vida monacal?

No, para nada. Estudiaba ocho o nueve horas diarias y luego me iba de antro. En Ámsterdam había cafés donde podías estar ligando a las siete de la tarde, lo cual era perfecto para mí porque nunca he sido de desmadre, no bebo porque soy alérgico al alcohol, nunca he fumado ni me he metido drogas. En el April, un bar que estaba de moda, conocí a mi primer marido, Bram Mathijse. Era un güero chiquito, cuatro meses más grande que yo, y tuvimos una muy buena relación durante seis años. Incluso me lo traje a México y mi mamá lo quiso mucho, aunque nunca se habló de que era mi pareja.

En Ámsterdam te tocó la aparición del VIH/SIDA, ¿cómo lo viviste y cómo te salvaste de contraerlo?

Estaba con Bram y era bastante más monógamo en esos primeros años de mi relación. Yo creo total y absolutamente en la fidelidad de pareja pero no en la exclusividad sexual, que nunca he ejercido, con Bram tampoco porque fue un acuerdo entre los dos. Pero nunca hice prácticas de riesgo y me aprendí a cuidar porque en los 80 todo mundo caía como mosca.

El México del temblor de 1985 recibió al flautista que regresaba a su país, en parte, porque en Holanda "levantabas una piedra y salía un flautista holandés que competía por el mismo puesto que tú", y también porque pensó que aquí había mucho por hacer en su campo.

La música también es una provocación de sentimientos y sensaciones.

En casi 37 años de carrera, el joven tesonero fue, según lo declaró alguna vez, como "el burro que tocó la flauta", porque logró salir adelante a pesar de su medio adverso, ha recorrido el mundo tocando su instrumento. Siempre con una imagen de estrella pop, se ha presentado como solista de grandes orquestas o como director del ensamble vocal e instrumental Cappella Cervantina, que ideó como un proyecto académico del Conservatorio Nacional de Música para la educación vocal en torno a la música antigua y contemporánea.

"No me arrepiento de haber regresado a México porque en estas casi cuatro décadas no me ha ido mal y todo lo que he logrado ha sido por mi propio esfuerzo, porque para mí dar las nalgas por cualquier cosa es totalmente inoperante".

—Has declarado que ser gay no te cerró puertas, ¿quizá te las abrió?

—Que yo sepa no. Honestamente, en Europa, sobre todo en Estados Unidos, Japón incluso, Canadá o aquí en México, el mundo de la música clásica es muy machista y reaccionario, muy de derecha, de las buenas costumbres y la moral.

—Pero es una música que ejecutan muchos gays.

—De clóset, querido. Si los políticos gays mexicanos siguen siendo de clóset, imagínate en los otros sectores. Es increíble que todavía hay muchísimos que temen por su integridad. Cada quien hace de su vida lo que quiera, pero creo que tienes que ser congruente con lo que eres y si vives una doble vida te estás imponiendo un castigo, una autocensura que no vale la pena. Tampoco es necesario que lo anuncies

Más que barroco, me considero muy retorcido, churrigueresco.

"

con una bandera cada vez que sales a dar un concierto, pero no ser tú en la vida diaria está cabrón.

El sanísimo concertista y profesor sólo se permite en exceso el café y, como válvula de escape, los hombres, de preferencia más jóvenes que él, aunque "todo depende del momento y la química sexual". Es un acuerdo con Arturo Plancarte Rangel, ocho años menor y su marido legal desde 2011 (aunque en 2001 se casaron simbólicamente en un acto público convocado frente al Palacio de Bellas Artes en apoyo a la inclusión de la sociedad de convivencia en el Código Civil del Distrito Federal).

La pareja se conoció en 1999 en Plaza Loreto, un día que Horacio fue al cercano edificio del Conaculta a cobrar un cheque. "Lo vi, me vio y nos gustamos", cuenta. "Era julio pero el primer acostón no se dio de inmediato porque se hizo del rogar un par de meses, hasta el 27 de septiembre, cuando tuvimos nuestro primer encuentro cercanísimo y empezamos a andar".

Su marido, revela, tiene muchas cosas de su madre Lourdes Meza. Además, es su mánager y le ha dado estructura a su vida, lo ha impulsado para hacer un patrimonio con la adquisición de un par de inmuebles, como la casa que sus padres rentaban en la colonia Sinatel. Después de 16 años juntos, reconoce que la pasión se ha transformado en un gran cariño, pero el sexo conyugal sigue siendo bueno.

En tu relación abierta, ¿alguna vez te has quemado al jugar con fuego?

Sí, una vez. Nunca lo he dicho en una entrevista pero en 2009 tuve un desliz amoroso con un barítono. Se lo dije a mi marido y lo tuve que subir a un pedestal cuando me contestó: "Puedes tener el *affaire* pero no me dejes de querer". Después todo se asentó y me di cuenta de que sólo fue una infatuación y que quiero a mi marido por sobre todas las cosas. Nuestra relación es muy buena, si hay discrepancias las resolvemos rápido, con el corazón en la mano. Ahora aquel susodicho (con quien no hubo química sexual ni nada) es un gran amigo.

El profesor Franco se podría jubilar del Conservatorio Nacional el año próximo, ¿así será?

No, ¿cómo crees? ¿Talla 29 de cintura y jubilado?, ¡no! Ni cuando sea 34 o 36 de cintura me voy a jubilar. Tengo una posición buena en el Conservatorio, gano lo suficiente para comer bien y sanamente, y para pagar mi gimnasio. Me encanta la academia, tener contacto con los chavos, darles lo mejor y sacar lo mejor de ellos.

Has dicho que no le temes a la muerte sino al dolor de la agonía, ¿qué pieza te gustaría oír mientras falleces?

¡Ah, chingá...! No sé en qué estado vaya a fallecer, pero tal vez... Sí, el primer coro de *La Pasión según San Juan*, de Bach, estaría muy bien. O la *Sonata No. 1* para violín y piano de Brahms; esa me encanta, siempre me ha hecho llorar... O mejor el *Concierto para piano No. 2*, también de Brahms, que es una obra muy épica, como el resumen de toda una vida.

Jorge Saavedra
Salir del clóset por televisión

Suena el celular cuando Jorge Saavedra está a cuadro hablando sobre la efectividad de los nuevos medicamentos contra el VIH. El director de Prevención de Conasida se voltea para apagarlo mientras el conductor, Nino Canún, bromea: "Te llama tu esposa, que si vas a llegar a desayunar".

Jorge se ríe igual que sus compañeros de panel y el público presente en el programa de debate *Y usted... ¿Qué opina?* Después de apagar el aparato que había dejado a su espalda, en la mesa donde luce un arbolito de navidad, Saavedra continúa: "Tan sí sirven que déjame decirte que para el... (mira su reloj de pulsera) 28 de noviembre yo debería de tener dos años de muerto. Estoy tomando los medicamentos y aquí me tienes trabajando como si nada".

En 1985, resulté seropositivo. Un diagnóstico de muerte porque no había tratamiento.

Era noviembre de 1997. El médico especialista en salud pública por la Universidad de Harvard estaba sentado a la izquierda de Jorge Serrano Limón, presidente de Provida, quien durante el largo programa sobre SIDA transmitido en la madrugada, había recibido invariables criticas al insistir en que la abstinencia y fidelidad marital eran métodos más efectivos que el condón para prevenir el contagio de la enfermedad.

Ante otros médicos, miembros de ONG's y funcionarios del ISSSTE y el IMSS, Jorge Saavedra acababa de reconocer el burocratismo de estas dos instituciones de salud —las únicas que entonces tenían los nuevos antirretrovirales— para surtirlos entre los derechohabientes.Había referido también que el día anterior, el secretario de Salud Juan Ramón de la Fuente se había reunido con integrantes del Frente de Personas que Viven con VIH, y que esperaba que el año siguiente hubiera mayor acceso a los prometedores fármacos.

—Ayer, en un periódico de la Ciudad de México, se cuestionó por qué tendría que dar el gobierno los medicamentos si éstos no sirven —comentó Jorge al aire—. Eso es completamente falso; los medicamentos sí sirven y está demostrado. Este año por primera vez disminuyó la mortalidad por SIDA en Estados Unidos.

—¿Son los mejores medicamentos que hay en el mundo? —le preguntó Nino Canún.

—Actualmente, en México hay nueve medicamentos...

—¿Los mejores? ¿Igual que en otros países industrializados?

—Ya en Estados Unidos hay 11, a México están por entrar los nuevos, son los mejores que hay hasta el momento, todos se toman en combinaciones, por eso los costos se disparan mucho, pero efectivamente (suena el celular)...

En un obsoleto videocasete VHS, Jorge conserva su salida mediática del clóset del VIH. "No fue tan fácil decirlo, pero en ese momento decidí hacerlo para enfatizar que una persona con tratamiento antirretroviral iba a seguir viva y con una muy buena calidad de vida", asegura casi 18 años después el hoy embajador global en salud pública de la Fundación para el Tratamiento del SIDA (AHF, por sus siglas en inglés), una organización internacional que da asistencia en 36 países.

En 1985, cuando iniciaba la pandemia, Jorge y su novio Roberto resultaron seropositivos en la prueba de VIH. "Entonces era un diagnóstico de muerte porque no había tratamiento", recuerda el médico en el jardín de su casa en Cuernavaca, donde la perrita Mixteca, de cuatro meses, reclama constantemente su atención."Pero yo me sentía perfectamente bien de salud y tenía la opción de deprimirme y pensar que se me había venido el mundo encima o cuidarme, tratar de llevar una vida saludable y cuidar a los demás usando siempre condón; así que con ese diagnóstico de VIH me fui a estudiar a Estados Unidos y me sentía sano".

En la Universidad de Harvard hizo dos posgrados que le permitieron aplicar a su profesión médica la "pasión" por las matemáticas que tenía desde niño: Salud pública y políticas y administración de salud. Se había separado de su pareja, quien murió a causa del virus en 1993, y al regresar a México, en 1995 empezó también a desarrollar el síndrome de inmunodeficiencia humana. Su condición serológica no la había compartido con su familia, pero tras perder más de 30 kilos y contraer las llamadas enfermedades oportunistas como una gastroenteritis, fue evidente su estado y su madre dejó su natal Sonora para cuidarlo en el Distrito Federal "los últimos días" de su vida.

"Tuve suerte porque 10 años después de mi primer diagnóstico empezaban a entrar los antirretrovirales; era el AZT y otro que ya no se usa, DDC, y la combinación de los dos me rescató".

¿Fue una recuperación milagrosa?

Milagrosa por los medicamentos, en el sentido de que todo mundo la relaciona con el milagro de Lázaro, o síndrome de Lázaro como le llaman en Estados Unidos a quien se está muriendo y empieza a recuperarse y vuelve a hacer una vida normal.

Además de los medicamentos, ¿crees que influyó el amor de tu familia?

Deben haber influido mucho los cuidados de mi madre, que me hacía comidas especiales y me daba una atención personalizada de casi 24 horas, porque llegó un momento en que me tenían que dar de comer en la boca, y yo solo no me podía bañar. Hay gente que si está en una etapa muy avanzada y no tiene ese apoyo familiar, se le olvida tomar los medicamentos.

Al salir adelante es cuando decides abocarte al tema del VIH/SIDA...

Sí, fue a partir de ahí. Un amigo que había conocido en Harvard me dijo que necesitaba un consultor para que hiciera un estudio de los gastos que se estaban haciendo en México por el SIDA. Las primeras publicaciones que hay en el país sobre este tema son mías. Creo que de otra manera no me habría involucrado en esto, pero dado mi diagnóstico sentí la obligación moral de hacer algo por los demás.

Me apasionan las cosas que sé hacer y a veces me desbordo. Pero siempre tengo evidencia de salud pública, no me desbordo por ideas locas. ”

¿Como para retribuirle a la vida?

Sí, retribuirle a la vida y a los que pagaron con sus impuestos mi tratamiento; aunque yo lo pagaba pero a precios muy reducidos, y había mucha gente, muchos amigos que no habían podido pagar y que habían muerto en el camino. De alguna forma quería empujar para que las personas con VIH tuvieran acceso al tratamiento antirretroviral. En 1997 me llamaron del Conasida y me ofrecieron la Dirección de Prevención, y me empecé a acercar a las ONG's para brindarles asesoría e información —no de manera oficial, pero era mi deber dárselas—, porque en 1996 y 1997 empezaba la protesta de organizaciones como el Frente Nacional de Personas que Viven con VIH para que hubiera acceso generalizado a los medicamentos.

Cuando arrancaste la Clínica Especializada Condesa (20 de enero de 2000) declaraste que había medicamentos para menos de 300 pacientes y al menos los necesitaban mil capitalinos. ¿Sentiste impotencia?

Había que seguir adelante de cualquier forma. Ya habíamos logrado la clínica (gracias al apoyo de Rosario Robles, que ocupó la Jefatura de Gobierno del Distrito Federal cuando Cuauhtémoc Cárdenas, quien había dado su visto bueno al proyecto, se fue a la candidatura presidencial del PRD), y no fue fácil porque empezaron los vecinos a inconformarse, incluso el rector de la Universidad La Salle (vecina de la institución en Benjamín Hill 17) se declaró en contra de que se abriera esa clínica (la primera ambulatoria en México dedicada a los pacientes con VIH/SIDA, que actualmente atiende a 9 mil 500 personas a través del Seguro Popular).

¿Porque habría homosexuales?

Quizá pensaban que si los alumnos que pasaban por ahí tocaban las paredes de la clínica se infectarían de VIH. Obviamente no mencionaban la cuestión de fondo: que habría homosexuales, trabajadoras sexuales y transexuales; gente que no querían ver en esa zona. Pero recibí un gran apoyo de algunas áreas del gobierno local como del Instituto de la Juventud, que entonces dirigía Andrea González (hoy Coordinadora del Programa de VIH/SIDA de la Ciudad de México). Mucho del temor de los vecinos era parte de su ignorancia, así que tuvimos un evento con ellos para darles información sobre cómo se transmitía el virus, y al menos la razón explícita que daban se vino abajo. Recibimos muchos comentarios de apoyo, por ejemplo, de Carlos Monsiváis, pero aun así el día que la inauguró Rosario Robles y ahí mismo me nombraron director —algo que no busqué al realizar el proyecto—, hubo una amenaza de bomba y tuvimos que desalojarla. Pero gracias a esa amenaza de bomba nos hicimos muy famosos.

¿Qué problemas enfrentaste al iniciar ese servicio pionero?

Efectivamente, los medicamentos eran muy limitados, sólo había para unos cuantos y era desesperante porque empezaban a demandarlos más y más. Hicimos una lista de espera para tratar de conseguir más medicamentos. Pero, por otro lado, se empezó a consolidar la clínica con el involucramiento de la sociedad civil. Una de las primeras cosas que hice con el personal sindicalizado, al que no le gustaba la idea de haberse transformado en una clínica de VIH, fue capacitarlos y sensibilizarlos. A lo mejor se me pasó la mano porque organicé un ciclo de cine y al final de cada película se intercambiaban comentarios con las personas que les causaban rechazo. El punto llegó a su límite cuando invité a trabajadoras sexuales trans, porque los empleados amenazaron con bloquear la clínica si insistía en traer ese tipo de gente, pero ellos eran nuestro público y finalmente autoridades del DF hablaron con el personal y seguimos adelante. Después de un año, cuando ya estaba funcionando la clínica, pensé que era buen momento para dejarla porque me invitaron a trabajar de nuevo en el gobierno federal.

En una Conferencia Internacional sobre SIDA, con todos los reflectores sobre México, decidí salir del clóset y presentar a mi esposo. ”

¿Y te fuiste a Censida?

No, a la Secretaría de Salud como director general adjunto de Planeación e Innovación. Dependía directamente del secretario Julio Frenk y empecé a planear y diseñar clínicas similares a la Condesa para todo el país, llamadas CAPASITS (Centro Ambulatorio para la Prevención y Atención en SIDA e Infecciones de Transmisión Sexual; hoy funcionan 75 centros). Esa planeación fue en 2002 y la registramos en el Plan Nacional Maestro de Infraestructura en Salud. Luego quedó vacante el puesto de director general de Censida y Julio Frenk decidió que, por primera vez, esa posición tan alta se iba a concursar. Algunos amigos me decían que todo estaba arreglado, que iba a quedar Griselda Hernández (directora de Atención Integral del

Mi secretario particular era gay y, pues, lo voy a decir, era hermano de Marcelo Ebrard, Fernando; ya murió.

Censida), y otros que sería José Antonio Izazola, que también era mi amigo y trabajaba en la Fundación Mexicana para la Salud, de donde venía Frenk. Pero yo dije: "Le voy a entrar". Había que presentar y hacer una defensa del plan de trabajo ante un jurado, además de un examen, pasar entrevistas y una bola de cosas. Y al final de cuentas quedé yo, lo cual me sorprendió mucho.

Como director de Censida (2003-2009) te tocaron dos gobiernos panistas, ¿alguna vez sentiste algún tipo de presión conservadora?

Creo que me ayudó mucho que los panistas —y no creo que Frenk lo fuera— quisieron quitarse el estigma de que con Fox habían ganado los mochos o la iglesia. Las cosas que empecé a proponer e hicimos nunca se habían hecho. Martha Sahagún habló del condón, cosa que ninguna otra primera dama había hecho. Finalmente, Fox le dio la bendición a Frenk para que habláramos de la homofobia e hicimos la primera campaña con el Conapred, contra la discriminación por orientación sexual. En un foro latinoamericano que organizamos sobre VIH y hombres que tienen sexo con hombres presentamos una primera versión de un *spot* de radio que de ahí se filtró y lo empezaron a sacar varias estaciones. Se hizo un escándalo porque se decía que con el aval del gobierno federal se presentaban las relaciones entre personas del mismo sexo como algo normal. Pero Frenk habló con Fox y seguimos adelante. También declaró a los medios que lo correcto era luchar no sólo contra el VIH, sino también contra el estigma, la discriminación y la homofobia. Eso ayudó mucho.

El spot pionero se llamaba *La cena*. Jorge refiere que la estrategia de la Secretaría de Salud y el Conapred fue lanzarlo en la sede de la Organización de las Naciones Unidas (ONU) en México (diciembre de 2004), de la mano de la Organización Panamericana de la Salud. No sólo se transmitió en la radio nacional, también fue retomado por estaciones de California y Perú y en diversos diarios y programas de televisión se hizo referencia al mensaje, que Jorge invita a buscar en internet:

Spot *La Cena*

Mientras ponen la mesa, una madre y su hijo conversan.

MAMÁ: Te ves muy enamorado, mijito.

HIJO: Ay, sí, ma.

MAMÁ: ¿Cuánto llevan?

HIJO: ¡Ya cinco meses!

MAMÁ: ¿Y le gustó la idea de venir a cenar con la familia?

HIJO: Sí, le encantó. Es más, preparó un postre que te va a fascinar.

MAMÁ: Mmm. Espero que le guste lo que yo cociné. Y por cierto, ¿cómo me dijiste que se llama?

HIJO: Óscar, mamá. Ya te lo había dicho, Óscar.

LOCUTOR: ¿Te parece raro? La homofobia es la intolerancia a la homosexualidad. La igualdad comienza cuando reconocemos que todos tenemos el derecho a ser diferentes. Por un México incluyente, tolerante y plural.

Nada más lejos de ese México ideal que el pueblo de Naco, Sonora, donde Jorge Alejandro Saavedra López nació el 13 de mayo de 1958. Fue el segundo hijo de cuatro (dos hombres y dos mujeres). Su padre Miguel Saavedra Domínguez, hoy finado, era médico y educó a sus hijos en el ateísmo porque, argumentaba: "Todo tiene una base científica", pero les decía que fueran a misa con su madre, la enfermera Eva López Lerma —hoy de 91 años con Alzheimer y Parkinson— porque eso la hacía feliz.

"En esa época, Naco era un pueblo completamente aislado del resto del país, no llegaba la televisión en español, todo lo que captábamos con las antenas era de la tele americana —recuerda Jorge—. Ni siquiera había carreteras para llegar al pueblo, las únicas estaban del lado americano y había que agarrar terracería para ir Cananea o Aguaprieta. Para ir por el mandado cruzábamos a Estados Unidos, donde habían mejores ofertas y precios".

Como su salida del clóset y del VIH, otros dos momentos fundamentales en la vida de Jorge también estuvieron ligados a una pantalla. A los seis años no se perdía una telenovela gringa o *soap opera* que le gustaba mucho a una de sus tías: *Ben Casey*, sobre un médico interpretado por el guapísimo actor Vince Edwards.

"Recuerdo que, cuando no me veían, me acercaba al televisor y le daba un beso al actor. Desde entonces me gustaban las personas de mi mismo sexo, obviamente no era una atracción sexual", refiere.

"Pero en un pueblo como Naco yo no iba a salir del clóset, además de que las únicas referencias de lo que entonces se llamaba joto era gente como la que yo no quería ser. Había un panadero, El Panocho, que era muy afeminado, siempre andaba con sandalias, incluso en invierno, usaba camisas abrochadas arriba del ombligo y pantalones a la cadera, arremangados; todo mundo se burlaba de él y a él le valía, pero yo no quería que se burlaran de mí, así que siempre lo oculté; me dedicaba a estudiar y en la escuela me molestaban pero por ser rata de biblioteca".

Su primera experiencia sexual fue a los 18 años, cuando había terminado la preparatoria en Magdalena de Kino y estaba por emigrar al DF para estudiar medicina en la UNAM. Ese momento también estuvo ligado, de alguna forma, a la pantalla: "Me fui al cine a Hermosillo, y creo que era la forma de conocer a otra gente porque alguien mayor que yo se sentó a mi lado y me empezó a tocar mientras veía la película. Después me invitó a su casa".

En la Ciudad de México, el estudiante de medicina empezó a visitar los bares, como el legendario El Nueve. "¡Me pareció que era la gloria! Nunca había visto tanto gay junto y en un ambiente tan relajado. Ahora pienso que estaba lleno de humo porque todo mundo fumaba y había mucha gente, pero en ese momento el lugar me pareció maravilloso".

Cuando el matrimonio igualitario era aún una aspiración en México, Jorge se casó en 2004 en Provincetown, un pueblito de Massachusetts cercano a Boston, con Fernando Martínez, a quien había conocido el año anterior en una disco de Mérida, Yucatán, durante un viaje para organizar la ceremonia que ahí encabezaría el Secretario Frenk por el Día Mundial de la Lucha contra el SIDA.

"Él sabía que yo tenía VIH, se lo dije mucho antes de la primera ocasión en que íbamos a tener sexo. Usábamos siempre condón y él se hacía la prueba regularmente; aparte yo estaba muy controlado gracias al tratamiento (antirretroviral)".

El matrimonio duró seis años y terminó cuando Jorge obtuvo su actual trabajo como embajador global de la AHF y debía mudarse a la oficina de Ámsterdam, Holanda.

Fernando no quiso seguir a su esposo y se divorciaron legalmente tras registrar en México su matrimonio extranjero después de que en 2010 se aprobó el matrimonio igualitario en el DF.

"Había estado luchando con las ONG's desde hacía años para que se reconocieran los matrimonios del mismo sexo, así que tenía que hacer las cosas legalmente. Incluso en el 2008, durante la Conferencia Internacional sobre SIDA que organizamos aquí, la primera en un país latinoamericano, tuve una sesión plenaria y con los ojos del mundo concentrados en México, decidí salir del clóset y presenté a mi esposo".

Te gustan las cámaras para hacer tus revelaciones.

Lo hice por congruencia y porque si uno va a salir del clóset y tiene una posición en la que puede causar impacto, el beneficio llega a mucha gente. El hecho apareció en los periódicos no sólo de México sino del mundo, también en los noticieros de radio y televisión, y lo que dije al final fue "Yo creo que más temprano que tarde esto (del matrimonio igualitario) va a ser una realidad en México. Y ocurrió dos años después.

Entonces valió la pena.

Mucha gente me escuchó, incluidos los políticos. Mi secretario particular era gay y, pues, lo voy a decir, es hermano de Marcelo Ebrard, Fernando; ya murió. Me dijo que Marcelo supo lo que dije.

¿A través de Fernando?

A través de los periódicos. (Bajando la voz) Lo que mucha gente no sabe es que, efectivamente, Marcelo Ebrard era sensible al tema y aprobó esta ley no por los rumores que lo tachan de homosexual; el punto de su sensibilidad era por su hermano, que me contó que cuando le hacían bullying en la escuela quien lo defendía era Marcelo. Siempre lo apoyó; es decir, estaba sensibilizado con el tema por la cuestión familiar, aunque Marcelo nunca lo ha dicho. Y creo que le vale que lo tachen de lo que quieran porque él está muy seguro de lo que es.

¿Fernando Ebrard murió de VIH?

Pues, eso sí no sé. Por Fernando yo sabía de las reacciones de Marcelo. Siempre que lo vi me trató muy bien, no sólo desde el punto de vista político (como director de Censida), sino por las acciones que empezó a hacer para que la Clínica Condesa se renovara, se le invirtió dinero para que las instalaciones quedaran más bonitas, y él la reinauguró en el marco de la Conferencia Internacional sobre SIDA.

Como embajador global de AHF has visitado 55 países y sin duda visto mucho dolor, ¿alguna imagen te persigue?

Sí. Creo que el momento más impactante fue la primera vez que visité Myanmar, antes Birmania, un país muy poblado que pasó por una larga dictadura militar, aislado del mundo. En 2012, las escenas de muerte por SIDA ya no ocurrían ni en África, mientras que en Myanmar había hospitales llenos de personas en estado de SIDA avanzado que sólo recibían tratamientos paliativos para ayudarlos a morir. Lo primero que hice fue comunicarme con todos mis contactos en EU a nivel de gobierno y les dije: “Tienen que ayudar a este país”. Hablé con compañías farmacéuticas para que donaran medicamentos; nosotros como fundación ya teníamos la idea de apoyar a Myanmar con clínicas, y empezaron a entrar recursos y ayuda, no digo que sólo por mí.

¡Jorge Saavedra para santo protector de los gays!

(Risas) No, te dije que soy ateo. Me apasionan las cosas que sé hacer y a veces me desbordo. Pero siempre tengo evidencia de salud pública, números que me respaldan, no me desbordo por ideas locas.

¿Cuál es tu secreto para vivir tan bien con VIH?

Tomar los medicamentos a tiempo, hacer ejercicio regularmente —que por ciento con tanto viaje no he hecho mucho últimamente—, alimentarme bien, tener una vida con amor...

El 1 de diciembre de 2010, Día Mundial de la Lucha contra el SIDA, Jorge formalizó su amor al casarse con el joven profesor de inglés Gabriel Rodríguez Rosado, a quien año y medio antes había conocido desde Ámsterdam por internet. Además del atractivo físico, el muchacho de pelo castaño lo cautivó por su apertura para presentarlo en la primera oportunidad con toda su familia, originaria de Mozomboa, Veracruz. La ceremonia civil fue en la Clínica Especializada Condesa y el pastel nupcial que llevó su ex director fue también para celebrar los 10 años de la institución. Ese día tan señalado en la vida de Jorge también hubo una cámara presente, pero esta vez para grabar un video personal. Aunque a la mañana siguiente la reseña de la boda pudo leerse en *El Universal*.

José Rivera

De ser puto voy a hacer mi trabajo

En la recámara de José Rivera hay un retrato suyo que pintó José García Ocejo en 2010. El gran óleo está colocado en el piso, recargado en un taburete, muy cerca de su cama antigua de madera, y su formato más alto que ancho acentúa la estilizada figura del bailarín, enfundado en un traje color cielo. Sobre un fondo amarillo, José mira al espectador con los ojos achinados que le puso el artista, porque sostiene que parece un actor del teatro kabuki. Pero lo más revelador del retrato es la flama que arde en la palma extendida de su mano izquierda, casi a la altura del corazón.

José Rivera Moya es ímpetu y pasión. Incluso cuando habla, porque lo hace con una vehemencia que hincha su fuerte cuello y da la idea de que está mordiendo las palabras, aunque sonríe constantemente como si fuera un niño travieso.

La vida me ha llenado de regalos y premios, además he recorrido todo el mundo.

"

Su vigor interior también despunta en esa costumbre de hacer enumeraciones repitiendo la primera cláusula de una frase.

"Nací el 9 de agosto (de 1968) y soy leo con ascendente leo, así que soy doblemente fuego, doblemente fiero, doblemente rey de la selva, y aparte nací un día de Luna llena, por lo que la fecha estuvo cargada de mucha fuerza".

Obsesivo-compulsivo, clínicamente diagnosticado, el fundador del grupo contestatario La Cebra Danza Gay, revela: "Soy muy insaciable, ¿sabes? Entonces necesito lo próximo, lo otro, lo que viene, lo que va a seguir, y en esa insaciabilidad siento que fui dejado gente a un lado muy pronto. He trabajado en ello y me digo: 'Pues, así soy y ni modo'".

De esas pérdidas, lo mismo de sus pocas parejas que de amigos, es de lo único que se arrepiente José casi un mes antes de cumplir 47 años, y con la perspectiva de celebrar en 2016 las dos décadas del grupo que fundó para abordar con el lenguaje coreográfico diversas problemáticas de la comunidad gay, como la homofobia y el VIH.

"Voy a crear algo nuevo para celebrar esos 20 años", adelanta y agrega que ya tiene apalabrado para el festejo el Teatro de la Ciudad, y que le gustaría volver a presentarse en el Palacio de Bellas Artes.

La Cebra inició su indómita existencia un 25 de junio de 1996, según asocia su director, porque su primera función fue en el Foro del Dinosaurio del Museo Universitario del Chopo, el viernes de clausura de la Semana Cultural Lésbico Gay que organizaba José María Covarrubias, "un día antes de la Marcha" del Orgullo Homosexual.

José también es por segunda ocasión director del Ballet Independiente, fundado en 1966 por Raúl Flores Canelo, donde se formó. Su estudio está en la céntrica calle de las Vizcaínas, adonde religiosamente llega a las siete de la mañana para supervisar que todo esté en orden y limpio; prende veladoras e incienso, y cuando llegan los alumnos revisa que lleven el uniforme y estén bien acicalados. Entonces siente que puede empezar el día de clases y ensayos en los que se permite tratar a su elenco, mayoritariamente masculino, con una camaradería maricona.

¿La vida es un baile?

La vida es una continua danza, sí. No se detiene, pero su ritmo va variando.

¿Cuál es tu cadencia ahora?

Estoy muy encerrado, no me muevo tanto como antes porque con La Cebra fue una vorágine de cosas, de ir y venir durante 15 años. Hice muchas funciones y viajé mucho, y ahorita estoy muy encerrado en Vizcaínas, muy dedicado a mis bailarines. La Cebra está un poco adormecida, y más bien estamos haciendo obras sociales con el Ballet Independiente: hemos recorrido todos los reclusorios de la Ciudad de México y tuvimos experiencias extraordinarias. También con La Cebra fui a tres reclusorios con una coreografía sobre el VIH que se titula *Cartas de amor*, y resultó conmovedor porque movió algunas fibras entre los internos.

Cinco bailarines de La Cebra murieron a causa del VIH, ¿cómo lo viviste?

¡Cinco...! Eso también ha sido un tema difícil... Curiosamente no ha pasado en otras compañías, y hay bailarines gays en todas, pero en La Cebra se dio muchísimo y son otros tantos los que viven con el VIH. Sí me ha afectado, lo llevo como un duelo permanente, un compromiso por el que tengo que seguir luchando.

A 20 años, ¿cómo dimensionas el papel de La Cebra en la reivindicación de los derechos gays?

Creo que puso su granito de arena. Cuando la fundé me invitaban mucho a los antros. Por ejemplo, Tito Vasconcelos quería que fuera al Cabaretito y yo me resistí porque mi idea era que la comunidad saliera de su aislamiento y fuera al teatro. Quería decirle: "Somos capaces de hacer otras cosas más allá del ser aceptados, disfrazarnos en la noche e ir a El Taller o a La Casita". Mejor seamos gays las 24 horas y hagamos cosas creativas que trasciendan y que nos ayuden como comunidad. Tampoco se trataba de nada más reírse de los jotos en tacones y plumas, no. Presentábamos obras muy fuertes sobre la problemática del homosexual: el VIH, los asesinatos por homofobia, la soledad. En ese sentido sí creo que repercutió nuestro trabajo y que en las artes escénicas soy un precursor porque empecé a hacer obras con esta temática desde 1990 en el Ballet Independiente, con la coreografía *Danza del mal amor*. Así que ya son 25 años de que estoy con la necedad.

En la recámara de José Rivera, sobre su antigua cama de madera hay varias revistas de papel amarillento que últimamente le ha dado por comprar en el tianguis de cháchara que se instala los sábados en el Jardín Dr. Ignacio Chávez, de avenida Cuauhtémoc.

Está muy feliz con la reciente adquisición de una historieta de hace unos 40 años con la portada de un Kalimán a color, montado sobre una Cebra. Ese animal lo ha seducido desde la infancia, cuando lo descubrió en un pequeño circo que llegó a su natal San Luis Potosí. De ahí que su mejor amigo lo apodara "Cebra".

La vida es una continua danza, sí. No se detiene, pero su ritmo va variando. ”

Animal de fantasía se titula, por ese mismo motivo, un documental sobre sus 25 años como bailarín, dirigido por la cineasta Olivia Portillo Rangel entre 2010 y 2011. En los últimos minutos del filme, José confesaba entonces que se estaba despidiendo de su arte: "No quiero que mi vida sea eternamente un salón de danza y una compañía de danza, y además mi cuerpo me duele, mi cuerpo está cansado y quiero también experimentar otras cosas... porque ésta es mi última vida".

Peinado de raya al lado, con el cabello perfectamente alisado, como acostumbra, el bailarín está sentado, esta tarde de sábado, en la sala de su amplio departamento, en el cuarto piso de un viejo edificio en la colonia Roma, que habita desde hace 20 años. Lleva un discreto arete dorado en el lóbulo derecho y en la muñeca izquierda un reloj, también dorado, de esos digitales Casio que hoy son *vintage*. "Me gusta vivir muy sencillo, no tengo ni necesito los grandes celulares, la laptop y el carro". La sala de tapiz amarillo de la década de 1950 la rescató de una tía que la iba a desechar. Junto al ventanal, arriba, a su espalda, cuelga el retrato que con vehementes pinceladas rojas y amarillas le hizo el fraile dominico Julián Pablo. Sin poder dejar la danza —a pesar de lo dicho en el documental— porque "es una droga", revela que la escritura es una de esas "otras cosas" que quiere experimentar. Está escribiendo su biografía, pero necesita dedicarle mucho tiempo porque quiere hablar de cómo era

Me dije: "Voy a ser el más puto de México y me van a venir a aplaudir a Bellas Artes..."

la familia antes de su nacimiento y también porque su infancia fue "muy intensa".

Un recuerdo lo va llevando a otro y a sucesos que tenía olvidados. Por eso, después de su imperdonable siesta de dos horas, esta tarde de sábado, José cuenta y cuenta en primera persona como si dictara su autobiografía:

Nací en el emblemático barrio de Santiago, uno de los siete que conforman la vieja ciudad de San Luis Potosí, en el seno de una familia bastante conservadora y católica, como son muchas en el Bajío.

Mi madre se llamaba —ya fallecieron mis dos padres— Rosa Moya Leija, y mi padre, Francisco Rivera Meléndez. Mi madre fue enfermera y dejó la profesión para dedicarse a crecernos y cuidarnos. Somos siete hermanos, yo soy el quinto de tres mujeres y cuatro hombres. Mi padre era chofer de taxi. Primero fue chofer de camiones de carga y hacía largos viajes; antes de conocer a mi madre él ya tenía una familia aquí, en el DF, pero no estaba casado. Tengo cuatro medios hermanos mucho mayores que mi hermana mayor. Recuerdo que cuando su mamá tuvo un problema, mi papá llevó a esos hijos a nuestra casa y mi mamá cuidó de ellos durante dos años.

En San Luis Potosí mis padres se hicieron pareja de baile, como ocurre en la historia de *Danzón* con María Rojo y el Carmelo. Mi madre se enamoró de él bailando. Yo no sé si de ahí me viene la vena de bailarín, puede ser, pero es una historia muy bonita. Mi mamá se escapó con mi papá de la casa de mi abuela, que era una mujer bastante rígida. Quedó embarazada y los casaron.

Mi madre era afecta a recoger niños, a esos niños que no recibían mucho cuidado de sus padres y que andaban en la calle, mi mamá los invitaba a la casa y les daba de comer, les hacía regalos de Navidad y un pastel en su cumpleaños. Siempre éramos muchos en esa casa.

Después de vivir en el Barrio de Santiago, nos cambiamos a una casa que era de mis abuelos en la colonia Ferrocarrilera, en el barrio de Montecillo, que es donde yo crecí. Era una casa enorme, con zaguán, con un gran patio, corral, jardines, y me acuerdo que tenía una palmera muy grande. Era un lugar de mucha gente, de muchas comidas; llegaban los tríos en cualquier cumpleaños, la marimba. En mi familia siempre había fiesta y siempre se bailaba, no había nadie en la casa que no supiera bailar y yo bailé desde niño.

También en todos los festivales del kínder me escogían para bailar. Tengo una foto donde estoy con unos cinco años bailando en un pequeño escenario.

Cuando se hacían esos bailes en el patio principal de mi casa, donde estaba esa enorme palmera, yo me iba con algún amiguito o con varios a otro pequeño patio y nos poníamos a bailar como lo hacían las parejas de adultos. Te estoy hablando que yo tenía seis o siete años. Y recuerdo que una vez mi hermano, que era un año menor que yo, vio aquello y se molestó porque no alcanzaba a entender qué estaba pasando. Lo tengo muy vivo, como un recuerdo relacionado con la danza y cargado de mucho erotismo.

Porque yo me di cuenta de que me gustaban los hombres desde muy, muy pequeño. Me empezaron a atraer en la escuela y tuve juegos sexuales con mis amigos y con mis primos, siempre a escondidas porque era algo que estaba cargado como de una prohibición.

Hay una parte de mí que siempre se siente como niño, eso me gusta.

"También desde muy niño empecé a tener mucho afecto por algunos niños. Yo le llamo amor porque en quinto de primaria verdaderamente me enamoré de un niño, Roberto Javier. Su mamá salía muy tarde de trabajar, le dejaba la comida y su casa estaba muy cerca de la primaria. Entonces salíamos de la escuela y nos íbamos a su casa, que estaba sola, y todos los días teníamos juegos sexuales. Pero yo sentía algo más por él, incluso alguna vez hubo una escena de celos porque se fue con otro niño a patinar al parque. Yo le reclamé y nos enojamos. Para mí fue mi primera relación.

Creo que fui un líder nato porque desde muy pequeño me gustaba organizar a mis amigos. En la secundaria, con 12 años, ya me sentía coreógrafo y montaba los bailes de final de cursos.Siempre me gustó el baile, y no me gustaba la escuela, así que hubo un tiempo en el que me molestaban mucho porque no ponía atención, y me deprimí. Hasta que dije: "Les voy a demostrar que sí soy capaz", y durante quinto y sexto de primaria, y primero de secundaria saqué puros dieces. Luego volví a vagar y a divertirme.

Todo el tiempo estaba inventando algo, recortando cosas, siempre estaba haciendo una casita, un librero; me encantaban las revistas, recortaba, armaba, cortaba telas y las pegaba, cosía y le hacía ropa a las muñecas. ¡Me encantaban las muñecas! Tenía una colección para recortar, les hacía unas grandes instalaciones como pequeñas tiendas, invitaba a todos mis amigos y jugábamos con ellas. También dibujaba, tengo mis dibujos de cuando era niño; hasta la fecha me encanta el color.Encerrado en mi cuarto, bailaba solo porque mi madre era una mujer muy neurótica, muy autoritaria y cuando estaba en esa neurosis incontrolable me decía cosas hirientes porque era un niño muy afeminado. Pero cuando estaba de buen humor era muy permisiva y me protegía, me decía: "Está bien, pero nada más que no te vean porque te van a insultar; enciérrate en tu cuarto".

Mi padre nunca se enteró de nada. Era el macho mexicano que llegaba en la noche cansado a que le sirvieran su cena, a tomarse su mezcal, a escuchar su música, a platicar con mis hermanos mayores o con algún amigo.

Mi hermano mayor era como una fotostática de mi padre y de pronto me cuestionaba: "¿Por qué estás haciendo eso?". Si mi mamá estaba de buenas, le decía: "Déjalo en paz, son sus juguetes y él quiere esos juguetes". Ahora hago unas Catrinas como me enseñó Raúl Flores Canelo, que tienen el cuerpo de alambre y la cabeza de yeso, y les diseño unos vestidos sensacionales con papel de China.

Vivir en esa sociedad tan conservadora fue muy difícil. Sentía mucho rechazo porque me decían todos los sobrenombres habidos y por haber. Eso me hacía aislarme cada vez más, sabía que no encajaba y creaba mi mundo, sobre todo con las amigas.

Cuando empecé a estar un poquito más grande, la relación con mi madre se puso bastante turbia: nos peleábamos porque vio que iba en serio mi homosexualidad y era el hijo que se le salía de las manos. Me dijo: "El día que tengas 18 años te vas a ir y vas hacer lo que quieras, antes no". Yo todos los días soñaba con tener 18 años para irme de San Luis Potosí. Pensaba: "Tiene que haber algo mejor para mí, donde yo encaje y sea feliz". Y así fue.Cuando cumplí 18 años me desperté a las seis de la mañana, junté mis cosas y le dije: "Hoy cumplo 18 años, tú me lo pusiste como una condición, así es que me voy, adiós".

Para entonces ya estaba bien empapado con la danza. Mi historia con ella empezó a los 12 años en un taller de la secundaria. Era de danza folklórica, estaba lleno de niñas y sólo habíamos cuatro niños. En tercero me fui, siguiendo a Eduardo que era un chico del que estaba perdidamente enamorado, a estudiar danza moderna al Instituto Potosino de Bellas Artes, que dirigía Lila López. Cuando entré ahí, dije: "¿Dónde ha estado este mundo que es donde yo tenía que estar?" Todo me fascinó porque había otros homosexuales y me sentía protegido, en una verdadera familia. Después de seis meses, la maestra Lila López me vio en un examen y dijo que dejara las clases, que ya tenía que estar bailando en el grupo.

Tenía un trabajo como encargado de la biblioteca del Instituto cuando me fui de mi casa, además, ya daba alguna clase de danza y así juntaba algo de dinero. Primero estuve viviendo con mis padrinos y luego con mi hermana, que se había separado, hasta que me vine a la Ciudad de México en 1987 al Ballet Independiente.

¿En San Luis tuviste alguna pareja estable?

No, afortunadamente, porque quizá no me hubiera animado a venir al DF. Pero en esa época yo ya estaba totalmente aceptado. Debido a las agresiones que había sufrido era contestatario, incluso provocador. Decía: "Sí, soy puto, y ¿cuál es el problema?". Y eso fue algo que usé con La Cebra: durante mi toda infancia me dijeron que era puto, así que ahora voy a ser el más puuuto de México y me van a venir a aplaudir a Bellas Artes, porque de ser puto voy a hacer mi trabajo.

La vida te compensó.

La vida ha sido maravillosa y generosa conmigo. A mis 47 años te puedo decir que me siento un hombre muy afortunado porque vivo muy tranquilamente, vivo de lo que me gusta, la vida me ha llenado de regalos y premios, además he recorrido todo el mundo por la danza.

¿Has amado mucho?

He amado mucho... la vida. Estoy vivo porque amo la vida... No he sido una gente de parejas, aunque sí me he enamorado tres o cuatro veces. Pero me gusta estar solo, soy muy neurótico, estoy clínicamente diagnosticado como obsesivo-compulsivo, eso me ha impedido tener una pareja porque cuando empieza la cosa de vamos a dormir juntos digo: "¡No, no puedo! ¡Tiene que irse, necesito estar solo, dormir solo porque mañana tengo ensayo, y mañana voy a dar clase y mañana tengo función y necesito estar íntegro, dormir mis ocho horas! ¡Que se vaya...!". Y hay gente que no puede entender eso.

¿Cómo fue tu primer amor, ya adulto?

En mis primeros años en la Ciudad de México, cuando tenía como 21, me enamoré de un chico que era un poco mayor; nos conocimos en el bar El Taller. Se llamaba, porque ya murió (de VIH), José Emilio Domínguez y era ingeniero. Me fui a vivir con él unos meses. Era amor, no era otra cosa más que amor, pero duró poco porque yo siempre he sentido, y hasta la fecha, que tiene que pasar algo más. Ok, esto ya floreció, ya está en pleno, ¿y qué más? ¿Qué más tengo que hacer, a dónde más tengo que ir, qué más tengo que crear? Y un día lo abandoné. Después me dijo que sufrió mucho, luego murió y fue una espinita que nunca acabó de salir de mi corazón.

¿Qué podría colmar esa insaciabilidad tuya?

(Silencio largo.) Encontrar una paz interna que me haga quedar en el sitio en el que estoy y vivirlo, disfrutarlo.

¿La ves cerca?

A veces la empiezo a sentir.

¿Qué queda en ti de aquel niño al que un amigo apodaba "Cebra"?

Afortunadamente hay una parte de mí que siempre se siente como niño, y eso me gusta. Puedo ser muy alegre, me encantan los juguetes que sigo coleccionando (carritos, muñecas y versiones del personaje gay Billy), me encanta reírme, me gusta el desparpajo y no sentirme como un señor o un maestro. Quiero seguir siendo esa persona que fundó La Cebra, que es muy curioso, que está siempre lleno de actividades, que está siempre inventando, que está siempre inquieto, que está siempre bailando, y eso hago todos los días.

Juan Jacobo Hernández

De las luchitas a la lucha

"A mí pónganme en el cuarto oscuro del Tom's o en una habitación del Maza", dice Juan Jacobo Hernández, "en broma y en serio", a quienes pudieran tener la intención de rendirle homenaje bautizando con su nombre algún aula o auditorio.

El "activista histórico" del movimiento gay preferiría ser recordado con una placa en el bar leather de Insurgentes o el céntrico Hotel Mazatlán, porque son lugares de tradición puteril donde "está la vida y la muerte".

Después de 40 años de haber iniciado la lucha por los derechos de "la diversidad sexual" —como prefiere llamar al movimiento LGBTTTI— asegura que hoy, cuando ve a una pareja de jovencitos "abrazadísima, besándose y joteando terriblemente" en el Metro o el Paseo de la Reforma, siente un "calorcito

¡La frivolidad de la putería en México es inconcebible!

muy sabroso". Especialmente le parece "bonito" que esos chicos no sepan todo lo que él y sus colegas hicieron para que disfruten de tal libertad.

"Hay mucha gente de la comunidad que dice: 'Es que no tienen memoria'. ¿Y qué? Lo están gozando, y eso es lo que queríamos. No queríamos que nos vinieran a dar las gracias; al menos yo no, por eso no acepto reconocimientos".

Sólo a medias, afirma, puede decir "misión cumplida" porque, "junto con muchos otros", abrió tierra y sembró "cosas" que ya están crecidas y "hoy no son de nadie, son de todos".

Eres muy modesto.

O muy rejego, pero no me gusta. Y mira que muchos años fui teatrero, exhibicionista, pero para ese tipo de cosas, no. ¿Te acuerdas que hubo un Premio al Mérito Gay? Pues todo el mundo me decía que me lo querían dar y yo les respondía que prohibidísimo hacerlo. Porque además ya era una mafia y sabían a quién se lo iban a entregar.

De esas semillas que sembraron, ¿cuál será el árbol más bello que creció?

Mmm... Hay varios. El abrir espacio para que surgieran las trans o como les decían entonces "vestidas". Aunque nosotros no lo éramos, en un momento la fuerza de nuestro movimiento estaba motivada por la crueldad hacia ellas. Me acuerdo mucho que en la primera marcha (1979) hubo un desmadre impresionante porque Max Mejía, de Grupo Lambda (de Liberación Homosexual), no quería que los travestis marcharan con nosotros (al frente del contingente) porque eso denigraba el movimiento. Y nosotros le dijimos: "Salen porque salen y vámonos, ahí se quedan ustedes". Y claro que tuvieron que seguirnos. Otro árbol sería la visibilidad en la vida cotidiana de los chicos gays, como hace poco que vi salir a una parejita de la mano en una secundaria. Sus compañeritos les hacían bullying, pero no era agresivo, era en cotorreo. "¡Ay, ya son novios!", les decían. Esa normalización es un arbolazo, me encanta.

Que falten muchos años pero, ¿te puedes morir tranquilo ahorita, saliendo de aquí?

Sí, y contento, sin ningún problema (risas).

Juan Jacobo no ha pensado en un probable epitafio. No tendrá tumba porque quiere que lo cremen —su pareja Carlos Cruz lo sabe bien—; y que "un poco" de sus cenizas las esparzan en las plantitas de su casa en Xochimilco. "Y que las demás las tiren porque no soy religioso, no creo en el más allá, no le temo a la muerte y no me gusta la idolatría hacia mi persona", insiste. "Tampoco puedo ser tan irracional y decir que no me van a mencionar (en la historia gay mexicana), así que me moriré cuando ya no esté en la memoria de nadie".

Juan Jacobo nació en León, Guanajuato, en 1942, el 20 de enero, día de san Sebastián, el patrono de los soldados y los atletas que ocupa un lugar especial en el imaginario homoerótico por la belleza juvenil con la que el mártir romano ha sido plasmado en el arte a lo largo de los siglos. Con 73 años, el fundador en 1981 y hasta la fecha director de Colectivo Sol, se mantiene delgado, con el cabello apenas platinado, y tiene una sonrisa seductora que, asegura, le permite seguir muy activo en el arte de ligar. "Todos los días podría tener un hombre... ¡Y sin pagar!" No sólo ha descartado la jubilación porque no disfruta el ocio y su pensión sería muy reducida, sino que está tan activo que a principios de abril regresó, "sin raya y con el lomo hecho garras", de un viaje de tres semanas por Namibia y Marruecos, donde estuvo trabajando con agrupaciones gays como consultor de la Alianza Internacional contra el VIH/SIDA. Esas consultorías, revela, le permiten financiarse cuando en su ONG no alcanzan los recursos para que cobre su sueldo.

"¡Fui de misión a África!", dice riendo en alusión a un momento crucial de su adolescencia, cuando un cura le hablaba de sus experiencias evangelizadoras en aquél continente, lo cual le despertó una inquietud por "hacer el bien", que algunos años después canalizaría a través de grupos fundacionales del activismo gay como el Frente Homosexual de Acción Revolucionaria (FHAR, creado el 15 de abril de 1978).

"Trabajo allá con organizaciones de desarrollo comunitario sobre VIH, salud sexual y derechos humanos, para fortalecerlas con capacitación, instrumentos e insumos a partir de experiencias y metodologías exitosas que puedan adaptar", explica.

Estas acciones están dentro del Programa de Medio Oriente y África del Norte de Naciones Unidas para el Desarrollo, lanzado en 2000 y que opera ininterrumpidamente desde 2002 en Marruecos, Túnez, Argelia y Líbano. Ahí también se suscribe la alianza a la que pertenece Colectivo Sol y asociaciones de Namibia. Juan Jacobo asegura que en en este país africano hay un movimiento gay muy visible, con muchos recursos de la cooperación internacional, y que con 10 años de existencia es "viejo" para la situación del continente, donde la problemática del VIH/SIDA se encuentra como en los primeros tiempos de la pandemia.

"Al oír VIH la gente tiembla, suda, es terrible —agrega—. Claro que en todos esos países hay islotes de tolerancia y protección, pero el clóset es muy pesado y sufrido porque los actos homosexuales (no la homosexualidad en sí misma) están penados".

Al oír VIH la gente tiembla, suda, es terrible. ”

Agrega que en Marruecos la aparición del virus y el trabajo de prevención ha aportado un poco más de apertura hacia los gays.

"Y empieza a haber una comprensión diferente sobre el tema del sexo transaccional de hombres y mujeres, porque al ser sociedades segregadas monosexualmente hay un caldo de cultivo muy propicio para el intercambio en ambos ámbitos. Hay más mujeres trabajadoras sexuales, pero en lo cotidiano, si vas por la calle y un hombre te guiña el ojo, ya la hiciste; se acerca, te baja el cielo y las estrellas y nomás le pagas".Que lo llamen "activista histórico" le hace gracia a Juan Jacobo. "Otros me dicen anquilosado, viejo; está bien, mientras yo me sienta a gusto en mis zapatos y haciendo las cosas que creo que deben hacerse, porque tengo un compromiso social desde chico, por eso de ir a salvar almas a África, pero en realidad todas las veces que he ido allá aprendo tantísimas cosas y las traigo para acá".

Por ejemplo, que "a estas alturas" la gente se esté debatiendo para aceptar que tiene VIH o sobre quién de su familia debe saberlo para apoyarla.

"Estas cosas tan actuales de angustia, miedo y necesidad de ayuda aquí también las tenemos y son desatendidas porque hay una tendencia al 'pruébate y trátate'" asegura, y agrega: "Pero si me hago una prueba y tengo VIH con una carga viral manejable y un conteo alto de CD4 (los leucocitos o células de defensa que destruye el virus), puedo durar 5 o 10 años sin tratarme, porque empezar de manera temprana puede llevarte más rápidamente a una

Todos los días podría tener un hombre… ¡Y sin pagar!

medicamentosis que genere problemas hepáticos o distintos tipos de cáncer".

Pero una de las posiciones médicas es que el tratamiento temprano disminuye la carga viral y así el riesgo de contagio es menor.

Eso tienes sus bemoles porque se olvida la prevención primaria, que no puedes sustituir por la pildorita (antirretroviral) del pre y del post (planteada esta última para casos de emergencia por prácticas de riesgo) que muchos están tomando así. Hoy quiero salir a coger a pelo, dame mi pre. Cojo, dame mi post. A eso vamos a llegar. ¡La frivolidad de la putería en México es inconcebible!

¿Por la irresponsabilidad de no cuidarse?

Yo creo que tiene que ver con lo que llaman pomposamente en Alemania el *zeitgeist*, el espíritu del tiempo. Más allá de las especificidades que le dan dentro de la comunidad, todo el tiempo te están empujando desde fuera y en varios sentidos al consumo: sexual, emocional; al placer. Pero con un hedonismo al precipicio, no inteligente. Suena catastrófico pero así está sucediendo. No hay reflexión, ya nadie se sienta ante un espejo, que puede ser el otro o uno mismo, a cuestionarse. Estamos sumidos en la tecnología, siempre lo hemos estado —cocinar es tecnología—, pero ahora nos atrapa y aísla del entorno, y han cambiado muchísimo las relaciones emotivas entre las personas.

Ahora el ligue es a través del celular con Grindr, por ejemplo.

Sí, y el contexto conspira para que la gente no tenga educación. Creo que en México hay una tendencia contraria a la ilustración. La gente no hace lo que se llama leer, porque hojear un periódico no es leer, y ven la tele todo el tiempo.

Hoy no se advierten campañas de prevención en prensa o radio, ¿qué tan activos ves a tus colegas activistas?

Hay de dulce, chile y manteca. En los últimos 10 años ha habido una corriente de oportunismo por parte de algunas organizaciones que ya encontraron el caminito para hacerse de recursos sin estar en el ajo, porque tienen en su acta constitutiva que hacen desarrollo humano, prevención de la salud, medio ambiente, discapacitados, cáncer, drogas, ¡de todo! Y buscan en las convocatorias un parrafito que les acomode para colgarse de él.

Entonces falta rendición de cuentas.

Sí. En esta nueva convocatoria (2015), Censida dijo que sólo podían participar las organizaciones que comprobaran fehacientemente que trabajan en el tema y con la población (de la diversidad sexual), y ya se redujo el oportunismo. Pero todas las organizaciones enfrentamos un problema porque los recursos te llegan tarde. Es abril y todavía no nos dicen quiénes los ganaron. Los proyectos que se plantean para 12 meses, en realidad duran seis, pues empiezan en mayo y terminan en noviembre, porque después del 15 de ese mes ya no puedes gastar. Los recursos que te sobren los tienes que devolver. ¿Cómo le puedes exigir a alguien que diseña un proyecto para 12 meses que lo ejecute en seis y tenga resultados? Agrégale que el gobierno no te asegura que si fue exitoso o promisorio pueda tener automáticamente un seguimiento sin volver a concursar. Eso queremos revisarlo ahora con Censida.

Para conservar el buen humor ante tales entuertos burocráticos, Juan Jacobo confiesa que recurre a *El Quijote*. El clásico de Cervantes es, junto con *Madame Bovary* de Flaubert y *La Regenta* de Leopoldo Alas, uno de los libros que relee constantemente "más por un divertimento evocador que nostálgico".

Donde también se advierte más evocación gozosa que nostálgica es en la oficina del director de Colectivo Sol, en Cerrada Cuauhnochtli 1Q, Pueblo Quieto, Tlalpan (a un costado de Medica Sur), en la Ciudad de México.Ahí conserva, por ejemplo, algunas colecciones completas con los 19 números de *Del otro lado*, "la revista gay de México y América Latina", que con creatividad y audacia publicó bimensualmente entre enero de 1992 y enero de 1995.De repente, llama a su pareja, Carlos Cruz, quien trabaja a su lado en la ONG, y le pide un juego de la hoy inconseguible publicación para regalármelo. Es una verdadera fuente documental no sólo sobre el activismo por los derechos de los homosexuales y la lucha contra la pandemia de VIH en sus peores años, sino también sobre lugares de ligue, actividades culturales y relatos homoeróticos.

"Fuimos la primera revista que se atrevió a sacar desnudos frontales con la verga parada, y campañas de sexo seguro con imágenes explícitas de cómo usar el condón", dice orgulloso.

Años antes, el pasante de letras francesas de la UNAM se había fogueado en el incipiente periodismo gay en la pionera *Macho Tips*, de Aurelio Hidalgo de la Torre, que circuló entre 1985 y 1989.

En su escritorio tiene un póster de su época de teatrero porque lo quiere enmarcar. Fotografiado por Rogelio

Cuéllar, un joven y delgadísimo Juan Jacobo aparece travestido de Evita Perón, en la obra del mismo nombre de Copi (pseudónimo del argentino antiperonista Raúl Damonte Botana), que en 1977 montó el Taller de Teatro de la UAM Iztapalapa.

Como dramaturgo, el activista escribió *El lado oscuro de la luna*, un cuento que convirtió en monólogo para el personaje de una "vestida", y produjo *El Edén*, también de temática gay.

Pero la evocación más entrañable, que lo vigila sobre su hombro derecho desde un marco negro de bella moldura, es Mario Eduardo Rivas Montero. El joven que fue su pareja durante 10 años aparece sentado en un banco alto, rodeado de plantas en la sala de su casa, muy adelgazado por los efectos del SIDA.

Es una de las muchas fotos que le pidió a Juan Jacobo que le tomara para crear consciencia sobre la prevención en una época en la que no había tratamiento alguno contra el VIH.

"Mayito era muy querido por todos, algo que lo pinta muy bien es cuando decía: 'Tómame fotos porque quiero que los chavos vean el proceso de deterioro físico del SIDA y pasen el mensaje para que la gente no se siga infectando'. Fue generoso y solidario hasta el final".

La pareja se conoció en mayo de 1979 durante un plantón para protestar por las redadas contra homosexuales, en la sede de Tlaxcoaque de la Dirección General de Policía y Tránsito que encabezaba Arturo Durazo Moreno. El joven Mario habló ahí en nombre del Partido Comunista al cual pertenecía.

"Una semana después, al caminar por la calle de Ayuntamiento me encontré a Mario borrachito; estaba muy triste porque Ramón Sosamontes lo había expulsado del partido por defender oficialmente a los putos, así que me lo llevé a mi casa para protegerlo, lo dejé dormir unas horas y así empezamos el romance".

Ambos tenían un liderazgo muy fuerte y trabajaron hombro con hombro en el FHAR y luego fundaron Colectivo Sol. Como pareja, desde el principio fueron bien acogidos por sus respectivas familias, al grado de que el papá de Juan Jacobo llamaba cariñosamente "Harapos" a Mario por su aspecto hippie.Juan Jacobo suspira tras afirmar que nunca querrá a alguien como quiso a Mario. Saca del escritorio un retrato de esos años felices donde, muy sonriente y con una abundante cabellera rizada, el muchacho está tocando la guitarra. Era músico, actor y declamador. Como estudiante del CCH Naucalpan había fundado el grupo de Canto Nuevo "Víctor Jara", al que perteneció Eugenia León en su juventud, que interpretaba canciones de protesta de Silvio Rodríguez y Óscar Chávez. También solía musicalizar las obras de Juan Jacobo.

Eran los años de la liberación sexual y la pareja llevaba una relación abierta en este aspecto, pero exclusiva en lo sentimental. De un viaje a Veracruz en 1983, Mario regresó con una fisura anal que requirió una operación en el ISSSTE. Juan Jacobo está convencido de que se contagió de VIH por la trasfusión que recibió. Fue detectado seropositivo en 1986 y el trance "feo" de la enfermedad ocurrió de febrero a agosto de 1989. El joven que seducía por ser "un dinamo de vida", murió el 24 de agosto con sólo 33 años (había nacido el 4 de mayo de 1956).

"Fuimos derrotados por el SIDA, fue algo muy duro porque lo tuvimos en nuestra propia casa, pero eso nos curtió la piel, aprendimos mucho y nos hizo ponernos las pilas para combatirlo", subraya Juan Jacobo.

Enfrentó ese trago terrible ayudado por sus amigos; principalmente fue un "bálsamo" la compañía amorosa de Carlos Cruz, a quien se había ligado un par de años antes, el 5 de agosto de 1987, en la Facultad de Filosofía y Letras de la UNAM, después de ver *Rebelde sin causa*, de James Dean, en el Auditorio Ernesto Che Guevara. Fue un cruce de miradas seguido de un "quiubo" entre el activista de 45 años y el joven estudiante de 17. Ocurrió cuando Juan Jacobo se había sentado en un murete a contemplar su antigua facultad para recordar que ahí había comenzado todo, a principios de los años 1960, al conocer a Carlos Monsiváis y Nancy Cárdenas, la escritora y teatrera lesbiana que inició el movimiento de liberación homosexual.

Y que también fue en su alma mater donde palpó la conciencia social y se fogueó en la organización grupal con la huelga de 1966, el movimiento estudiantil del 68 y el naciente sindicato de la UNAM.

O quizá el verdadero comienzo de esta vida generosa consagrada a defender el derecho a ser diferente habría que fijarlo más atrás, incluso antes de los relatos del misionero en África, cuando en los inocentes toqueteos infantiles Juan Jacobo supo que le atraía particularmente jugar a las luchitas con sus vecinos de la colonia Portales, y que también disfrutaba mucho que se le pegaran a la espalda mientras los llevaba, parados, en los diablitos de su bicicleta.

Luis Perelman
Las venganzas de un niño bien portado

El Armario Abierto es la “venganza” de Luis Perelman por los muchos años que vivió asfixiado en el “sótano, no en el clóset”. La librería que fundó el 21 de octubre de 1998 en la Ciudad de México con su colega en sexología Rinna Riesenfeld, fue la primera especializada en esa temática, siempre perseguida por el tabú, con la que cree haberle ahorrado a varios “ahijados” las dificultades que vivió por ser gay, particularmente dentro de la comunidad judía.

“Si le he podido ayudar a otros a que la pasen menos complicada que yo, habrá valido mucho la pena”, dice una tarde de marzo, víspera de Semana Santa y de la conmemoración de la Pascua judía, que celebrará con su madre y dos hermanos, uno de los cuales le acaba de llamar para preguntar si asistirá con Antonio, su pareja desde hace 18

Yo viví en el sótano, no en el clóset, porque no sabía de nadie que fuera gay.

"

años. "Él no es sexólogo ni judío, pero se involucra en todo lo que hago".

Luis vive en un departamento, en el mismo edificio de Polanco donde residían sus padres cuando nació, el 14 de abril de 1962. Joseph, *Joe*, Perelman era ruso de nacimiento y creció en el puerto francés de Havre. A los 17 o 18 años se unió a los maquis de Cabertat y combatió a las tropas del Tercer Reich en Montauban, cerca de Toulouse. Concluida la Segunda Guerra Mundial, en 1945 emigró a México.

"El año pasado (2014) fuimos a una conmemoración por los 70 años de los maquis, en la que conocimos a dos de sus compañeros aún vivos y nos enteramos que fue jefe de grupo, algo que jamás nos dijo (murió en 1979).

"En 1948 mi padre participó en la lucha de independencia de Israel capacitando gente, pues tenía experiencia en la guerra. Fueron épocas duras porque siempre estaba luchando para salvar el pellejo o la dignidad".

La madre de Luis, Arlette Javnozon, es francesa porque sus padres lituanos habían ido a París a estudiar medicina y enfermería, y emigraron a México después de la Segunda Guerra Mundial, cuando ella tenía seis años de edad. Estudió para dentista y en la comunidad judía de la Ciudad de México conoció a Joe en 1954; un año después se casaron.

Luis, el hijo sándwich, fue un niño "muy protegido, muy querido" que estudió desde el kínder en el Liceo Franco Mexicano porque su padre, dueño de un negocio de encajes, sostenía por su experiencia que la mejor educación era la francesa. Tuvo "cero" formación religiosa porque en su casa no eran practicantes.

“Mi papá era antirreligioso; íbamos a celebraciones familiares pero nunca al templo. Por cumplir socialmente yo hice mi Bar Mitzbah (ceremonia por la que el varón de 13 años ingresa a la comunidad y es responsable de seguir los preceptos religiosos). Crecí en el Centro Deportivo Israelita, donde practiqué la natación y competí desde los 15 años, después me interesé por la gimnasia olímpica. De ahí mi identificación con la cultura, la ética y la historia judía, pero no con la religión; es como un judaísmo humanista”.

Gracias a la preparación para el Bar Mitzbah le tomó gusto al hebrero y lo estudió hasta un nivel medio. Además de español y francés, habla inglés porque cursó la preparatoria en Estados Unidos.Contador por sugerencia materna, sexólogo para transgredir la represión de su infancia y adolescencia y activista prudente fundador de Shalom Amigos —el primer grupo de apoyo para gays judíos—, Luis tiene una mirada inteligente y un trato afable, al grado de que es imposible imaginarlo fuera de sus casillas: su tono de voz es reposado, más bien tímido, y suele apagarse en un susurro cuando habla de los pasajes más difíciles de su vida. Todavía hoy, a sus 53 años y más de dos décadas en el activismo por los derechos de la diversidad sexual, da vueltas y aplaza lo más posible, como si de un exabrupto se tratara, la enunciación de lo que fue su “grandísimo, terrible” secreto.

Intuyo que fuiste un estudiante aplicado.

En la primaria siempre me iba bien. Desgraciadamente eso me ganó la enemistad de los pandilleros porque yo era de los consentidos de los maestros.

Por los temas comunitarios judíos aprendí el sentido del activismo.

¿Te hacían bullying por ser estudioso?

Yo era diferente. En la escuela francesa era judío, en la ciudad era güerito, en el Deportivo Israelita yo no estaba en la comunidad.

¿Sufriste algún tipo de discriminación por eso?

No, pero yo me sentía separado, aislado, y como era de los nerds, incluso de los ultra nerds, estaba con ellos en un grupito aparte.

¿Tuviste algún problema de niño por ser homosexual?

No, no se me notaba. Aprendí a ser un niño muy bien portado porque el mensaje que te dan los adultos sobre cómo vivir en el mundo, es: "Pórtate bien, hazle caso a los mayores y no te busques problemas". Eso estaba relacionado con el sexo, que no sabía qué era, pero se trataba de algo grosero, sucio, peligroso. Entonces no había que meterse en eso y yo no me metía; esa fue mi filosofía. Tenía curiosidad pero nunca pregunté, nunca supe. El gran misterio de la vida era cómo llega ese pinche esperma al útero. Yo sí sabía todas las cosas sobre las pobres chicas: que había que cuidarlas y respetarlas porque se pueden embarazar, pero no sabía que los hombres tenían erección (risa ahogada).

Pero eso se aprende en la escuela, ¿no?

No, eso no te lo decían y además yo no era de los niños groseros que dibujaban penecitos en los baños. Eso era de prosaicos y vulgares, así que mejor no te juntes con ellos.

¿Y cómo enfrentaste tu orientación sexual?

Muy solo. Aprendí que no se hablaba de eso, me la pasé de noche. Yo viví en el sótano, no en el clóset, porque no sabía de nadie que fuera gay. Serlo era lo indecible y lo peor, así es que ¿para qué te metes? Era un grandísimo NO: "Esto no es para ti, no te metas, no te busques problemas". Lo mejor es que te cases, seguramente conocerás a una chava, así que no vayas a fallar. Para allá debía apuntar.

Vivías con mucha culpa.

No entendía qué era lo que me pasaba, y a los 12 años, cuando me brotó la hormona era un volcán en explosión. Manuela fue mi gran compañera, la fantasía y el taco de ojo estaban a todo, pero lo viví muy solo, no sabía de nadie más que fuera como yo, incluso no sabía qué era, hasta que a los 15 años entendí que eso que sentía significaba que era (casi en un susurro) gay.

¿Cuándo explotó ese volcán? En algún momento tuviste que decirlo para convertirte en activista.

(Risa franca) Pues aquí estoy. De ahí viene el coraje de hoy, porque en esos tiempos yo habría sido fácilmente aprendiz de (Jorge) Serrano Limón (el presidente del grupo conservador católico Pro Vida), porque si ahí está lo que dicen y esperan de ti Dios, los adultos, las buenas consciencias y las personas de éxito, ¿para qué te metes en problemas?

Paradójicamente, tus padres ni siquiera eran religiosos.

Sí, pero los valores que aprendí eran machistas, heterosexuales, de una sociedad cuya cultura era ver el Canal de las Estrellas, el Canal Cinco, que yo también veía y era un niño bien portadito.

En algún momento tuviste que asumirlo, ¿cómo fue ese proceso?

Muy solitario, muy complicado

Ser gay público en Israel era un escándalo, y ahí estaba yo, en el escándalo.

¿Te viste obligado a tener novias, por ejemplo?

Sí, tuve novias, pero en plan muy tranquilo porque había que respetarlas y era muy fácil hacerlo. Además, yo me identificaba más con los adultos porque los chavos de mi edad no me llamaban la atención. Desde chico me gustó la política y escuchaba las noticias cada hora en una estación de radio en inglés, VIP, y también devoraba periódicos y revistas como *Time*, *Le Espress* francés y *Novedades*. Un amigo me invitó a una reunión de Bnai Brith, una organización dedicada a combatir el antisemitismo y el antisionismo, y ahí nos pudimos acercar al Comité Central de la Comunidad Judía. Desde 1982 fui voluntario juvenil y luego miembro de la mesa directiva de Tribuna Israelita, el brazo de análisis, opinión y lucha contra el antisemitismo del Comité Central. Por los temas comunitarios judíos aprendí el sentido del activismo.

Usaste la palabra coraje al referirte que viviste en el sótano

Sí, de esa negación me viene el coraje. Entre 1984 y 1985 estaba terminando la carrera de contador en el ITAM, y mi mamá me dijo: "Oye, te veo un poco triste, ¿por qué no vas a terapia?". Después de enviudar, mi mamá buscó apoyo con el doctor Dupont, quien me recomendó a otro psicoanalista y al fin, a los 22 o 23 años me atreví a decirle a alguien mi grandísimo, terrible secreto.

¿Cómo lo enunciaste?

Me costó decirlo y cuando lo hice lloré cinco horas porque se me había salido. Pero ya lo había dicho.

Supongo que fue liberador.

Me costó otros años más acabar de liberarme, aunque ahí empezó todo. Pero entonces me dijo el terapeuta: "Oye, pero no eres amanerado (risilla de resignación). Además, si fueras gay ya te hubieras lanzado porque los gays son bien aventados. Quizá no lo eres, ¿por qué no pruebas bien con chavas para ver si es por ahí...?". Después, pensé: "¿No le vas a hacer caso al experto psicoanalista que te recomendaron porque era de los buenos, freudiano...?"

¿No le viste cierto prejuicio al médico?

Quiero pensar que fue con buena intención, y ese proceso tardó tres años.

Hasta que dijiste "¡No me gustan las mujeres!".

Ya estaba en el activismo de la comunidad judía y tuve novias, aunque sabía muy bien con quién quería aventarme, pero eso no era posible. Fue todo lo complicado que quieras porque, además, sucedió el terremoto de 1985 y este terapeuta decide irse del DF y me dijo: "Quizá ya puedes hablar en un grupo terapéutico". Entonces me integré a un grupo y ese día uno de los participantes habló: "Yo andaba con un hombre pero ya no, ya me curé (ríe con desgana)". Entonces pensé que si él salió adelante, ¿por qué yo no iba a poder? Y empiezo a intentarlo de nuevo. Pero en el grupo hice migas con una chava que fue mi confidente. A ella le pedía que me comprara las revistas gays que yo veía en los puestos de periódicos y no me atrevía a pedir. Así empecé a informarme que había otros mundos. Era 1985, en plena pandemia de VIH.

Entonces al problema se sumó el miedo al SIDA.

No podías aventarte a lo bruto. Además, yo siempre he sido como de bajo riesgo. Así que seguí en el grupo hasta

La noticia de que era gay la tomaron como si les hubiera dicho: "Tengo cáncer".

que se disolvió, en 1988, y después me integré a una terapia individual, pero ya tenía claro que tenía que hacer algo sin engañar a nadie, que tenía que ser leal y fiel a mis valores y decirle a la familia. En esos días, se escuchaba mucho sobre las redadas de homosexuales y otros problemas, lo que me paralizaba porque no conocía a nadie como yo. Al primer terapeuta le había pedido que me presentara a un gay para que fuera como mi padrino, pero me dijo: "Eso lo tienes que hacer tú". En ese tiempo yo veía Cablevisión, el programa de la doctora Ruth Westheimer, una viejita que había emigrado de Alemania a Estados Unidos y hablaba como abuelita judía (imita el tono) sobre erecciones y orgasmos con Jonny Carso, que se ponía rojo. Para mí, la única forma que podías hablar de sexualidad era con chistes y albures, así que cuando la vi, pensé: "¿Eso que hace ella es ser sexólogo? Yo tengo que poder ser sexólogo".

¿Porque hablaba libremente?

Sí, porque lo decía tranquilamente y además era viejita y judía (carcajadas). A mí me daba mucha pena ir a una librería y tomar un libro de sexualidad porque era como delatarte que no sabías del tema. Yo siempre tenía que actuar hacia afuera como si todo estuviera bajo control.

¡Y dentro tenías un volcán!

Y adentro no entiendes nada y tienes un volcán.

¿Cómo le dijiste finalmente a tu mamá y hermanos?

Me tardé seis meses en definir cómo se los iba a decir. Me puse una fecha límite. Estaba cayendo el muro de Berlín, era finales de 1989. Cuando los senté, antes de decirles, me preguntaron: "¿Te vas a casar?". Para que veas qué buena imagen tenían de mí. Me tardé seis meses en frasear: "Voy a ser sincero con la gente que quiero. Yo voy para acá... Soy gay, no he hecho nada pero lo voy a hacer y me voy a cuidar". Y su reacción fue: "¿Cómo te ayudamos a salir de esto?". La noticia la tomaron como si les hubiera dicho: "Tengo cáncer o estoy metido en drogas". Pero yo ya estaba más tranquilo conmigo, así que les contesté: "Si quieren buscarme gente que crean que me puede ayudar, me dicen con quién voy y si se me quita, les aviso". Eso duró 10 años (risas).

¿Diez años más de ir con psicólogos, rabinos...?

De todo. A los 28 años decidí experimentar el viaje que los jóvenes judíos acostumbran hacer en la prepa a Israel, que entonces no había vivido. Me fui a estudiar hebreo en septiembre de 1990; dos semanas antes, Saddam Hussein había invadido Kuwait, y estuve hasta febrero del 91, así que me tocaron 15 días de misiles, porque yo estaba estudiando a 20 kilómetros de los bombardeos, al norte de Tel Aviv, en la ciudad de Netania. Incluso mi mamá fue a verme en diciembre y me buscó un buen sexólogo para que platicara con él. Recuerdo la primera pregunta: "¿Qué estás haciendo aquí? Va a haber una guerra". Yo le dije: "No voy a esperar a que Israel sea un paraíso sin guerra". También le comenté que quería ser sexólogo.

¿Ahí tomaste la decisión?

No, ya había averiguado dónde estudiar, porque no había una carrera universitaria como tal, y di con IMESEX (Instituto Mexicano de Sexología). Ahí tomé un taller antes de irme a Israel, y fue la primera vez que conocía un gay que dio testimonio y le pude hacer preguntas. Fue mi primer padrino, Manuel Zozaya. Después, en Tel Aviv, toqué las puertas de la asociación Ha Agudá, enfocada a los derechos LGTB. Me abrió un viejito que había donado el departamento de la sede, y él fue como mi último padrino. Ya había leído muchos libros y revistas para informarme del tema gay, también novelas. Y él me prestó *The Best Little Boy in the World*, de John Reid, entonces me identifiqué con las peripecias que el autor pasó de chavo para poder aceptarse y empezar a hacer pininos en el mundo gay. Me sentí más tranquilo, menos amenazado para entrar a un antro, porque en México no sabías qué hacer y qué podría pasar.

Disculpa que me sonría, pero ¡allá te podía caer un misil!

Sí, pero aquí había redadas y otros problemas.

¿Finalmente en algún antro de allá ligaste y te atreviste a hacer algo?

Empecé a hacer algunas travesuras muy leves, con cero riesgos, pero ya pude tocar a otra persona.

Y besaste a un hombre, supongo.

No, no aprendí a besar hasta como dos años después.

Esa larga represión que viviste sin duda te sirvió para ayudar a otros como sexólogo.

Por eso El Armario Abierto es mi venganza...

Cuando Luis volvió a México, fue gracias al director de IMESEX, Juan Luis Álvarez Gayou, que conoció a otro judío gay. Ya había seguido la sugerencia de su tía Galia Sefchovich —hermana de Sara, la escritora—, de estudiar desarrollo humano en la Universidad Iberoamericana, con una especialidad en sexualidad.En IMESEX siguió acudiendo a talleres para aprender de manera vivencial. El mismo día que platicó con ese paisano homosexual que también había estudiado ahí, aceptó su invitación para ir a una fiesta y ahí conoció a otros siete judíos como él.

"Para mí era importante que fueran judíos, así sentí una afinidad más cultural, porque la comunidad judía es una gran familia. En esa fiesta conocí al que sería mi primera pareja por un año; después tuve otra pareja por cuatro años y con tu tocayo Antonio llevo 18".

En 1994, el activista fue a Israel a un "congresito" mundial de judíos gays. Al contactar a los organizadores por teléfono para pedir informes, le propusieron que él fuera su representante en México; así tuvo la idea de fundar, a su regreso, Shalom Amigos, que tuvo sus reuniones en el mismo departamento donde ahora vive.

"Los del congreso estábamos en Yad Vashem, que es el Museo del Holocausto, haciendo una recordación de los gays que murieron en campos de concentración, cuando entraron unos judíos ortodoxos a decir que estábamos profanando un lugar sagrado. Ser gay público en Israel era un escándalo, y ahí estaba yo, en el escándalo".

Shalom Amigos fue el primer grupo de apoyo en su tipo en América Latina. Inició en julio con un número simbólico de integrantes, porque eran 12 como las tribus de Israel. Se trataba de un gueto porque pensaban: "La comunidad nunca nos va a entender, nunca nos va a aceptar".

Para convocar a más paisanos, Luis puso un anuncio muy discreto en el periódico del Deportivo Israelita: "¿Es para ti el clóset un lugar oscuro y solitario? ¿Necesitas hablar con alguien como tú? Shalom Amigos". Duró un mes, cuenta entre carcajadas, "hasta que se dieron cuenta de qué se trataba y me lo quitaron".

Nadie llamó por el anuncio, pero en los siguientes años Luis siguió con prudencia y tesón impulsando el tema en la comunidad judía. Lo hacía desde el amplio paraguas de los derechos sexuales, bajo el que también lanzó con Rinna Riesenfeld la librería El Armario Abierto. La sexóloga escribió *Papá, mamá, soy gay*, un texto ya clásico, y la pareja de socios empezó a dar pláticas en escuelas de la comunidad. También participó con gran éxito de público con una ponencia sobre diversidad sexual en el Congreso de Comunidades Judías de América Latina, realizado en 2001 en Río de Janeiro, Brasil. Y en febrero de 2012 fundó Guimel, Judí@s Mexican@s Lesbianas, Gays, Bisexuales y Transgénero; Familiares y Amig@s.

"Nació con el propósito de confrontar y educar a la comunidad". Y vaya que lo ha logrado. Luis abre la página de Guimel y hace correr el video titulado *Yo tampoco*, una campaña en contra de la discriminación homosexual dirigida en 2014 a la comunidad judía.

Muy bien realizado, el video de ocho minutos presenta a Elías, un joven que creció feliz en una familia judía tradicionalista, cuyos padres descubren por sus mensajes de celular que es gay y lo mandan a estudiar fuera. La familia lo extraña pero el padre se mantiene firme: "La puerta está abierta para cuando Elías quiera cambiar".

El chico se enamora de un compañero y un año después toca el timbre de su casa, con el novio de la mano. Cuando los padres abren la puerta y, sin saber qué hacer, se quedan mirando a la pareja, en la imagen hay un corte a más de cien personas reconocibles y destacadas de la comunidad judía, de diversas edades y áreas de influencia, quienes afirman que jamás rechazarían a un hijo, un hermano, un amigo por ser diferente, porque no quieren perderse su vida.

"Yo tampoco acepto que se rechace o discrimine a quien es diferente", sentencia, sin acento, una abuelita judía.

Luis presume que el video, donde también aparece él muy sonriente, tiene más de 63 mil vistas en YouTube. Sin duda es otra “venganza”, igual que su nutrida biblioteca personal con los títulos que aquél joven de antaño, siempre “bien portadito”, no se atrevía a explorar. Entre los más significativos, se encuentran: *The Best Little Boy in the World*, por supuesto; *La mente erótica*, de Jack Morin; *Twice Blessed on Being Gay or Lesbian and Jewish*, por Christie Balka y Andy Rose, y, quizá como un conjuro recitado por Salvador Novo para evitar el castigo divino de mirar hacia atrás, a Sodoma: *La estatua de sal*.

Reynaldo Velázquez

La escultura como furia y placer

Rodeado de falos que ha dibujado del natural, Reynaldo Velázquez sentencia con la sabiduría de sus 69 años: "El sexo masculino es fantasía, no tiene ninguna estructura, por ejemplo, ósea; la erección es producto de la fantasía y cuando ésta falla, no hay nada".

Al artista plástico le gusta hacer los apuntes para sus homoeróticos grabados y esculturas en madera a partir de hombres que invita a posar no por su atractivo físico, ni siquiera porque sean jóvenes, sino por afinidad y química."No me gusta inventar, y cuando estás haciendo dibujo de desnudo es algo muy común que se dé la erección espontánea; me gusta el proceso de la erección que puede ocurrir ya sea porque haya o no algún tipo de provocación en la conversación".

Que el miembro del modelo se muestre en plenitud es la "señal" de que el ejercicio artístico puede terminar en una relación sexual, "que no llamaría amorío".

Esa situación propiciada por el "pretexto del dibujo" ocurría en el primer estudio que Reynaldo instaló en los años setenta en un cuarto, ubicado al fondo de la casa de sus padres en su natal Tuxtla Gutiérrez, Chiapas, y sigue teniendo lugar hoy en su domicilio de tres niveles, en la sexta sección de la colonia San Juan de Aragón, Distrito Federal.

"El desnudo masculino es más fácil de adquirir que el femenino, porque a la mujer la contratas a través de la prostitución, es decir, a la mujer se le pregunta cuánto cobra , pero en el caso masculino es simplemente por afinidad, tú se lo propones, te dice sí y ya sabes que implica lo otro, el sexo. Incluso muchos *bugas* aceptaban ir a posar; con algunos no había nada, pero con muchos sí".

El dibujo es el "preparatorio" para realizar una escultura. Su técnica de trabajo consiste —explica el artista— en pasar de la tridimensionalidad del modelo a la bidimensionalidad del papel, lo cual implica procesar la figura con su estilo para luego "devolverla" a la pieza, "sacarla de la madera".

Reynaldo reconoce que "le gusta mucho la figura masculina", y que sus esculturas las hace con morbo. "Prefiero la talla directa porque me gusta el corte; no me late el modelado".

¿Hay un placer en ese proceso?
El contacto con la madrea es muy bonito.
¿Es sensual?
Sí, porque lo haces con los sentidos.

> *El sexo masculino es producto de la fantasía.* ”

Claro, pero dices que trabajas con morbo.

Sí, el morbo está aquí (se toca la cabeza), pero aquí (muestra sus grandes manos con dedos cuadrados) es sensualidad. Disfruto cuando cede la madera al corte.

¿Y qué te da morbo?

Echar al aire algo que normalmente permanece oculto: el desnudo. Parece que con la religión católica empieza el morbo de lo que cubre, porque la idea de que te están ocultado algo –y algo que te gusta— te exaspera más el morbo, lo mismo si eres hombre o mujer. En realidad la ropa no está hecha para proteger del frío, por ejemplo, sino para velar la desnudez del cuerpo, y eso provoca que el ser humano sea tan morboso.

La desnudez representó un conflicto infantil para Reynaldo, quien no era capaz de bañarse sin ropa, como lo hacían los niños tuxtlecos en el río.Si la morada es un reflejo de quien la habita, ese trauma remoto parece estar presente en los espacios donde vive y trabaja el artista plástico: fuera del suelo, es imposible encontrar un espacio "desnudo" de objetos para apoyar el vaso de agua que me brinda esta tarde cálida de julio; además, las paredes están cubiertas casi a la mitad por guacales de madera atiborrados de los libros que, como si fueran niños de la calle, ha "rescatado" de los mercadillos, algunas veces pagando por ellos un peso.

"Hay un orden dentro de todo este caos: todos estos libros son de francés, aquello es de alemán, aquí hay de inglés y esos de allá también son de alemán", dice mientras señala desde una especie de asiento frailero los volúmenes que lee en diversos momentos del día para no olvidar las lenguas que a lo

Cuando retratas a alguien, de alguna manera tienes que estar enamorado de él.

largo de su vida ha aprendido de manera autodidacta.

En su estudio, donde suele dibujar, el piso de cemento está manchado con gotas de pintura; sobre ese piso abundan los grabados en madera colocados uno detrás de otro; los LPS y CDS de música clásica —una más de sus pasiones de juventud—, y otro tanto de libros están apilados. También ha coleccionado conchas, caracoles y piedras semipreciosas, en especial ópalos. En algunas áreas de la pared hay óleos, fotos y dibujos, la mayoría son desnudos con grandes miembros erectos.

"Soy el último de ocho hermanos (nació el 23 de mayo de 1946), pero dos habían muerto y había una circunstancia medio rara", sigue contando para explicar su horror a la desnudez."Se llamaban Julia y Reynalda, y yo creo que con Leticia (que nació después de ellas) y conmigo, mis padres buscaban completar a las dos hijas que perdieron". Reynaldo Velázquez Jiménez y Rosario Zebadúa bautizaron al niño con el nombre de su hermana difunta y de cariño lo llamaban Rey.

"En la adolescencia, cuando empiezas a tener la obsesión por imponer tu masculinidad, me di cuenta de que mi mamá se refería a mí como 'hija', eran lapsus, pero tardé mucho en darme cuenta y para entonces, digamos, el estrato psicológico ya estaba formado".

En esos casos, el niño le preguntaba: "¿Por qué me dijo así?". Y la mujer respondía que no se había dado cuenta.

¿Crees que esa circunstancia influyó en tu preferencia sexual?

Influyó en mi conducta en general porque yo no era capaz de desnudarme delante de nadie, sentía que mi masculinidad era visible. Por eso nunca me gustó bañarme en público, como era costumbre entre los niños chiapanecos que solían jugar en los ríos. Yo tenía ese bloqueo y me afectó en mi niñez, porque en esa etapa buscas que te quieran, por lo tanto no muestras algo que no les va a parecer. Quizá por ello en mi obra he insistido mucho en mostrar la masculinidad, no tanto por la preferencia sexual sino por una especie de desquite contra toda esa época; pero, en todo caso, es contra mí mismo porque quien se reprimía era yo.

¿Y esa represión no habrá influido en otros aspectos, como ser gay?

No, porque la cosa gay es yacente, siempre está ahí. Desde que recuerdo tengo las mismas sensaciones, la misma percepción y atracción por los hombres. Me di cuenta en la infancia, precisamente por las limitaciones que yo tenía: en parte, el no mostrarme en público era porque si me desnudaba tenía erección y me daba cuenta de que ocurría porque había sexo visual; había otros niños desnudos y por eso no podía meterme al río con ellos, pues sabía que inmediatamente iba a tener una erección, que me denunciaría como interesado en ese sexo, y entendía que no debía interesarme en ellos, lo cual era un problema para mí.

Quizá habría sido tomado como algo normal, ¿no?

Siempre he tenido el morbo de observar cómo es la conducta de los demás y poco a poco me fui dando cuenta de que el ser humano es muy visual, y por eso los compañeros que se estaban bañando a veces tenían erecciones, y no se achacaba esto al asunto homosexual ni nada. La erección en el adolescente y en el niño es intermitente y constante. Además, el sexo masculino tiene que estar dispuesto siempre, es parte de la vida. Sólo que para mí se transformó en

un conflicto serio a los 16 o 17 años porque conocí a una persona y caí en una relación amorosa sin llegar a lo sexual. Por desgracia, eso es muy frecuente; es siempre un fracaso no llegar a nada por la inexperiencia y más aún pensar que no tendrías éxito. Te das cuenta de que pudo tener éxito cuando ya tienes 60 años (risas).
La persona en cuestión era un compañero de secundaria, "Marcos, sin apellido", por quien Reynaldo sintió tanta atracción que renunció a su idea de ser maestro normalista para seguirlo a una nueva carrera técnica, contabilidad, por el solo gusto de estar a su lado, ya que no tenía ninguna capacidad para los números.

"Estaba en mi mismo grupo de secundaria, pero luego nos separaron y me di cuenta de que ya me había familiarizado con él, y que me gustaba mucho. Nos hicimos amigos porque mostraba preferencia por mí y eso me llamó la atención; tenía una bicicleta, pero en lugar de ir montado en ella se la llevaba a un lado y nos íbamos caminando y platicando".

Al segundo año de carrera, la familia de Marcos lo mandó a estudiar a la Ciudad de México, lo cual representó un "drama" porque los padres de Reynaldo no tenían las posibilidades de apoyarlo para que se fuera detrás de su secreto amor.

"La separación fue dolorosa; en ese momento yo pensaba que sólo para mí, pero después me enteré por unos parientes suyos que él también tuvo bastantes problemas, que lloraba mucho al venirse a México".

A la pena que le provocó esta ausencia se sumó la circunstancia de que a Reynaldo nunca le había gustado la carrera, lo cual lo llevó a padecer insomnio. Para "desahogarse" comenzó a hacer largas caminatas, una actividad que hasta la fecha le produce gran placer. Así llegó un domingo al Jardín

Botánico de Tuxtla Gutiérrez, donde se detonaría la chispa que inflamó su vocación de artista.

Siempre he tenido el morbo de observar cómo es la conducta de los demás. ”

El joven de 19 años se acercó a platicar con una pareja que estaba dibujando alguno de los paisajes del lugar. Como mostró interés, los muchachos le dieron un lápiz y un pedazo de papel para que se pusiera a hacer lo mismo. En eso estaba cuando apareció el maestro, Ramón Rosado Conde, que lo invitó a inscribirse al curso semanal que impartía en la Casa de la Juventud.

“Siempre me había gustado el dibujo, en la primaria, las maestras me ponían a copiar los mapas que estaban deteriorados y creo que por eso pasaban por alto que no fuera muy bueno en los estudios. Todavía me sé de memoria los accidentes geográficos no sólo de Chiapas sino de toda Europa”.

El hecho de que un amigo de su profesor le pagara 70 pesos —“en aquél tiempo era mucho dinero”—, por un dibujo de un ahuehuete de los muchos que hay junto al río Sabinal, lo hizo darse cuenta de que con el arte podía “hacer algo” de su vida y hasta ganar dinero, cosa que nunca logró en el tiempo que cursó contabilidad.

“Me pasó una cosa que me ha sucedido varias veces: me quedé como su único alumno porque los muchachos que conocí en el Jardín Botánico y los otros estudiantes no volvieron a la clase, así que el maestro me dedicó atención especial y eso fue muy provechoso”.

El profesor Rosado le prestaba libros sobre teoría y corrientes artísticas, pero fue con la práctica y a través de los años que el futuro escultor entendió que trabajar del natural no significa copiar, sino que es “un punto de partida para hacer tu propio planteamiento, un intento de acomodar

El morbo está en la cabeza y en las manos la sensualidad.

ideas en la cabeza proyectadas en dos o tres dimensiones".

El maestro de origen campechano y formado en San Carlos, también se le "clavó la espinita" de que "los buenos" debían viajar a la Ciudad de México para estudiar. La oportunidad de visitar la capital por primera vez ocurrió también gracias al dibujo y tuvo un sustrato homosexual velado, propio de la época.

Reynaldo estaba trabajando un día con su caballete en el jardín botánico, cuando un hombre le empezó a hacer plática, Raúl Tovar Hernández, quien era director de una primaria en el DF. Le contó que estaba de vacaciones en Tuxtla porque su esposa era de ahí, y con gran confianza lo invitó a que se fuera con ellos unos días a conocer la capital del país.

Lo que terminó de seducirlo fue la posibilidad de escuchar estaciones de música clásica y adquirir discos, una pasión que empezaba a gestarse en el adolescente.

"Raúl Tovar tenía una personalidad muy rara porque era gay pero vivía con una esposa, y no tenían hijos. A pesar de que yo no sabía lo que significaba ser gay, intuía que había algo que no checaba, porque sus expresiones eran afectadas, sobre todo por los superlativos, pero yo suponía que eso era propio de la gente de la capital".

Reynaldo obtuvo el permiso de sus padres y viajó en el coche de la pareja para pasar una semana en la Ciudad de México. Su anfitrión lo llevó a conocer diversos recintos culturales como el Palacio de Bellas Artes, pero lo que aún recuerda con emoción y detalles fue su primer concierto de música clásica en el antiguo Colegio de las Vizcaínas.

"Era un concierto excepcional con un grupo alemán que interpretó música de Bach; yo estaba enloquecido y lo sigo estando con su música. Escuché por primera vez una de las cantatas y me acuerdo muy bien que la solista era la soprano Marta Rubinstein".

De vuelta en Tuxtla, empezó a tomar clases de artes plásticas con "una eminencia", Luis Alaminos, en la escuela de iniciación artística del Instituto Nacional de Bellas Artes (INBA). El profesor despertó el gusto del joven por el teatro, al grado de que apareció en uno de sus montajes, *Sueño de una noche de verano* de Shakespeare, en el papel del Duque Teseo, "que es el más anodino".

En la clase de Alaminos también se quedó como único alumno. "Lo que dio como resultado una gran amistad con él, en el sentido antiguo de la disciplina y el papel del aprendiz que tenía que hacer los trabajos más bajos y difíciles".

En 1967, finalmente Reynaldo pudo ver cristalizado su sueño de mudarse a la Ciudad de México e ingresar a San Carlos. Vivía en una casa de huéspedes en la céntrica calle de Isabel la Católica, que pagaba con su trabajo de ilustrador en la empresa Centro Nacional de Producción. Al año siguiente se involucró en el movimiento estudiantil.

"Estuve en todo, participaba por el hecho de ser estudiante; yo ni siquiera entendía por qué era el conflicto, yo ayudaba a repartir propaganda porque se tenía que hacer".

Del fatídico 2 de octubre se salvó gracias a que regresó unos días a Chiapas porque no tenía dinero para sostenerse en el DF. Pero cuando ocurrió el bazucaso en la vocacional de San Ildefonso tuvo que escabullirse con un compañero para librarse de ser detenidos por los granaderos apostados en las salidas de Ciudad Universitaria, donde había participado en una junta del Comité Nacional de Huelga.

Esa época de estudios, en la que no le interesó "en lo más mínimo" buscar lances de amor, Reynaldo confiesa que le sirvió para valorar lo mucho que había aprendido con el maestro Alaminos.

"Tenía que ayudarle a mis compañeros porque yo era el que tenía experiencia; siento que en San Carlos no avancé nada".

A principio de la década de los setenta regresó a la casa familiar debido a problemas burocráticos de revalidación de estudios, que le impidieron continuar en la escuela de manera regular, y sobre todo porque se convenció de que si se aplicaba por su cuenta podría obtener mejores resultados.El futuro escultor pasaba los días dibujando a sus modelos desnudos en su apartado estudio de la casa paterna, y leyendo en la Biblioteca Pública de Tuxtla Gutiérrez, donde empezó a desarrollar su facilidad para las lenguas.

"Había una biblioteca muy basta de inglés, latín, hasta de griego que donó (el jurisconsulto) don Víctor Manuel Castillo, que fue un intelectual de su época. Yo llegaba ahí a leer sobre muchos temas y así inicié con los idiomas, primero con el francés".

El rico acervo estaba en el segundo piso de la Biblioteca Pública. "A nadie más le interesaba, yo me la pasaba leyendo solo y ahí conocí a Pierre Corneille, a Balzac; luego empecé a leer en inglés a Dickens y a Shakespeare. ¡Era maravilloso! También me interesé en los idiomas antiguos, como el italiano de la *Divina comedia.* En ese tiempo no me percaté de un detalle, pero la edición que leí de *El Decamerón* de Boccaccio era de 1537, y me la prestaron para llevármela a mi casa".

En dos vitrinas, Reynaldo guarda hoy los libros que más le han gustado, unos 80 volúmenes entre los cientos que ha leído y los que aún esperan su turno. Después de gozar estos títulos especiales, el artista los encuaderna con tapas de madera talladas por él. Ahí están poemarios de César Vallejo, *Moby Dick*, *La Celestina*, *El Quijote* y la muy querida edición de la *Divina comedia*, publicada en Milán en 1911, en la que al frente luce una escena del descenso al infierno a través de una escalera de caracol, y en el reverso tiene un alado ser desnudo que asciende al cielo.

¿Cómo llegaste a la escultura?

Cuando estuve en San Carlos le sacaba la vuelta al taller de talla en madera; no sé por qué nunca me gustó. En su lugar llevaba litografía con uno de los pocos maestros que me enseñaron ahí, Luis García Robledo. Hice unas cinco litografías durante el 68 y al año siguiente me metí al taller del maestro Mexiac de grabado en madera. En los últimos años que estuve en Chiapas (antes de mudarse definitivamente al DF, en 1980) me regalaron un pedazo de madera como de 70 centímetros, y se me ocurrió hacer una figura humana. La madera era de quiquizquián.

¿Es una madera más propia para la escultura?

Toda la madera se puede trabajar, hay muy pocas que no. La idea de la escultura que tuve entonces y que en general me ha perdurado no es hacer algo artístico, sino más bien es una necesidad que tengo de establecer un paralelo, una especie de fetiche que sí puedes dañar, torturar, castigar y hacerle maldades porque ya es un cadáver.

¿Por qué le tienes que hacer esas cosas horribles?

Porque el ser humano necesita proyectar la maldad, es por eso que de toda la *Divina comedia* se te hace más atractivo el infierno, por todas las ideas de tortura y malestar, mientras que el paraíso es aburrido, se dice en dos palabras.

¿Preferirías irte al infierno?

¡Claro! Como todo el mundo, para ver a los amigos, ¿no? (risas). Hice esa primera escultura con la herramienta de mi papá, porque además de talabartero también se dedicó a la carpintería y tenía su caja de herramientas. Cuando después empecé a rescatar memorias me di cuenta de que yo había tenido contacto con la escultura mucho antes, sin darme cuenta, porque yo hacía mis juguetes, mis barcos. Para mí jugar con barcos era lo máximo en la vida. El primero me lo hizo mi papá, y luego me di cuenta de que yo podía hacerlos mejor y que me gustaba más hacerlos por mi cuenta con sus herramientas. Les ponía mástil y velas y andaban en los charcos.

¿Y cómo resultó ese primer fetiche que tallaste?

Salió como yo quería. Fue un hombre, un colgado, porque no me gusta la estructura en un pedestal. Esa fue otra idea que tuve sobre la escultura, la de invertir el sostén y colgar al hombre, no del cuello porque un ahorcado se deforma, sino de la boca como ese numerito de la gente de los circos que gira sostenida con unos ganchos que se adaptan al paladar. La escultura se llama *Dentario* porque el hombre está colgado de los dientes; lo tiene un amigo de Chiapas. Luego hice otra que se llama *Sobreviviente*, esa fue con madera de hormiguillo, de la que hacen las marimbas, roja, muy bonita. También se la quedó un amigo de allá que me la compró. Aunque en Chiapas no me siento conocido como escultor; mis paisanos me ven como grabador y retratista.

¿Tú, cómo te defines?

La aspiración es ser artista, pero eso es muy difícil de definir aquí (se toca la cabeza). Insisto, lo que yo quería era establecer el señuelo en el que puedes descargar esa furia que todos tenemos, de la que necesitamos deshacernos.

¿Para ti esculpir es catártico?

Sí, catártico.

¿Clavar la herramienta en la madera es como herir?

No exactamente. No es agredir porque al cortar la madera sientes placer, sientes una ¿qué será...? Como una consanguineidad con la madera, como que te identificas con ella; de alguna manera te acerca, pero no exactamente es agresividad. Lo que tiene la madera también como afinidad de material es que se parece mucho a la carne, no tanto a la carne como músculo, sino a la piel humana.

Entonces hay una seducción, incluso con los modelos con los que hasta la fecha trabajas.

Sí, desde luego. Con el modelo de desnudo hay una plática, un tema que a veces es sexual y a veces no. Con las personas para el retrato pasa lo mismo, tienes que encontrar un tema de conversación para que tengan la expresión que quieres. El modelo de desnudo al empezar a posar adopta una posición muy cuadrada porque se está exponiendo, y poco a poco con la plática se va relajando.

Y esa seducción puede terminar en un encuentro sexual.

Eso es fortuito. Tiene que haber seducción de todos modos porque pienso que cuando retratas a alguien de alguna manera tienes que estar enamorado de él.

¿Y cómo fueron tus enamoramientos de pareja?

Nunca busqué una pareja, aunque sí se dio. Cuando llegué a la Ciudad de México en 1980 me enamoré de un muchacho, Jorge Carrión, que vivía en la misma casa de huéspedes en la que viví. Esa casa era de un paisano, Ramón, y estaba en la Calzada Azcapotzalco. El muchacho era muy atractivo y codiciado, pero tenía pareja. Mientras trataba de seducirlo tuve delante de él otras relaciones porque todos en la pensión éramos gays. Yo sabía que cuando se enojaba con la pareja daba jalón, y así fue como finalmente estuvimos toda una noche juntos y hasta me hizo perder el avión a Chiapas. Fue algo bonito pero secundario.

¿Tuviste alguna pareja estable?

Eso ya fue en los 90. En 1989 conocí una persona —y de él preferiría no decir el nombre—, en la Semana Cultural Lésbico Gay que organizaba José María Covarrubias (en el Museo Universitario del Chopo, y en la que generalmente estaban presentes sus esculturas homoeróticas). Él hace diseño publicitario, y llegó a ser bastante conocido porque también hizo foto artística. De plano se me lazó a la yugular. Yo no quería, pero insistió tanto que fueron 18 años los que viví con él. Me ayudó a hacer cosas que yo no hubiera hecho, como mi currículum y todo el papeleo para la beca de creador del Fondo Nacional para la Cultura y las Artes (Fonca), que me dieron después de cinco intentos. Por eso decían que era mi Olga Tamayo (por la esposa del pintor Rufino Tamayo, quien fue su agente y promotora). Viajamos mucho e hicimos cosas en común como comprar esta casa. Hasta que lo sorprendí negando mi presencia con sus amantes, como si fuera soltero, y eso que dependía de mí económica y sentimentalmente.

No te importaba la infidelidad.

No, sino el hecho de que me negara. Yo también tuve muchas aventuras durante ese tiempo pero siempre la persona con la que iba sabía que tenía pareja. Era algo de una ética silenciosa que no se necesitaba hablar. Y cuando me di cuenta de lo que hacía no me quedó otra más que terminar la relación, y claro que me dolió muchísimo.

Es evidente que sigues muy vigoroso y no aparentas tu edad. ¿Cuál es tu secreto?

Sigo enamorado del ser humano porque sé que es un hijo de la chingada, es malo y perjudicial en el conjunto de la Tierra.

¿Y por eso te dedicas a castigarlo en la escultura?

No, no tiene que ver, ya estás exagerando. La misma relación sexual es agresiva, aunque sea lo más consentida posible.

¿Y ese ser terrible te enamora y te seduce?

Sí, claro, si el hombre no tuviera eso no me interesaría en lo más mínimo. Me seduce por lo que tiene de malo y de bueno, porque así como tiene cosas espantosas como las guerras tiene también la maravilla del arte.

Xabier Lizarraga
La sonrisa del activista veterano

Feliz, quizá un poco más que de costumbre, está Xabier Lizarraga este mediodía de un viernes de febrero. Resulta que, a la casa de la colonia Anzures que comparte con su hermana mayor, Amaya, ha llegado su marchanta de Xochimilco en un automóvil cargado de flores. En la banqueta, Xabier escoge de la cajuela abierta rosales y geranios, y lo hace con tal regocijo como si no hubiera nada más importante en el mundo.

Y es que las plantas, junto con el vodka y los gatos, conforman el paraíso personal de este veterano activista por los derechos de los homosexuales. Hay que decir de una vez que se graduó en 1977 de antropología física en la Escuela Nacional de Antropología e Historia (ENAH), donde en realidad quería estudiar arqueología, pero el profesor José Luis Lorenzo, "un

El sentido del humor es un arma cargada de futuro.

"

español muy mala uva", le tomó ojeriza por una discusión en clase y le advirtió que jamás se graduaría, así que optó por cambiar de estudios.

Desde 1981 es investigador del Instituto Nacional de Antropología e Historia enfocado al tema de la sexualidad del "primate humano", lo que le permite afirmar que "no somos tan únicos como pensábamos", pues todos los animales "tienden al hedonismo, a buscar el placer, pero el animal humano lo hace con desmesura". He ahí su propuesta teórico metodológica como coordinador del seminario permanente Antropología del Comportamiento, en el INAH.

Su "libro sagrado", *Alicia en el país de las maravillas*, le ha servido también para abordar esta temática, ya que al analizar a sus personajes, desde Alicia hasta el Gato de Cheshire, encontró que "son parte de nuestra realidad como animales humanos".

Alto, de grandes manos y ojos grises, Xabier Lizarraga Cruchaga es hijo de emigrantes vasco-navarros. Su padre, el pintor Gerardo Lizarraga Isturiz, fue el primer marido de la pintora Remedios Varo, a quien conoció en Madrid en la Academia de Bellas Artes de San Fernando. Antes de que estallara la Guerra Civil Española, en 1936, la pareja que se había casado en 1930 se separó. "Remedios quiso vivir otras aventuras y se hizo amante del poeta surrealista francés Benjamin Péret, que mi padre le había presentado; pero quedaron como amigos", cuenta.

La madre, la fotógrafa Presentación Cruchaga Valdemoros, decidió autonombrarse Ikerne y conoció a quien sería su esposo en México a mediados de los años 1940, en el Centro Vasco de la céntrica calle Francisco I. Madero.

Tras un aborto natural que sufrió su madre, Xabier nació el 19 de agosto de 1948, "un año maravilloso porque fue el mismo de la fundación del Estado de Israel, de la Carta de los Derechos Humanos (de la ONU) y de la muerte de Gandhi". El "acontecimiento" de su llegada al mundo ocurrió en un pequeño hospital, Reforma, que estaba frente al Monumento a la Independencia, donde hoy se encuentra el edificio del banco HSBC. Ese niño, que nació señalado por la mano siniestra del Ángel que sostiene las cadenas rotas, a los 30 años pasó, valiente, bajo sus alas doradas en la primera marcha del orgullo gay.

Las matas floridas en las que Xabier acaba de gastar más de mil pesos son para hermosear una larga jardinera que bordea el patio por el que me conduce hasta su "cubil", instalado en la planta baja de la casa. Entre hojas muy verdes que reciben la luz de los ventanales y los estantes llenos de libros, destaca una bandera de arcoíris colgada en una pared como pendón. Es nada menos que el lábaro gay original. "Fue la primera bandera de arcoíris que marchó en este país —dice orgulloso—. Yo la traje de San Francisco y cuando la saqué en la primera marcha (1979) e iba corriendo de un lado al otro con ella, me decían: 'Ay, qué bonita bandera, ¿de qué es?'".De sus años iniciales en el activismo —primero en Guerrilla Gay (1983) y Sex-Pol (1975) y luego al fundar el Grupo Lambda de Liberación Homosexual en 1978—, Xabier conserva sólo un objeto más: una libreta con las primeras notas para organizar los Martes de El Taller, en cuya carátula figura el Pato Donald —personaje que colecciona porque "es mi alter ego cuando me enojo"—, y está fechada en abril de 1987.

La idea de realizar una reunión semanal para el análisis y discusión de temáticas mariconas en ese emblemático bar de la calle Florencia, en la Zona Rosa, fue: "La mayoría de las *bareras* no van a conferencias ni congresos, no se enteran de nada y están en la *frivolité*; entonces llevémosles el activismo al bar".

Otros materiales históricos del activismo gay mexicano que tenía como fotografías, los donó el investigador a la asociación Archivos y Memorias Históricas, del activista Alonso Hernández. "Yo soy muy malo para guardar, conservar y archivar", confiesa.

Pero durante la entrevista queda claro que no es malo para recordar —con apenas una pizca de nostalgia—, sobre todo a la pareja con la que más duró, Luis Armando Lamadrid García. "Lo conocí en 1978 cuando fundamos Lambda, y nos hicimos amigos. Un año después me empezó a medio cortejar y en 1980 nos hicimos pareja", cuenta.

Desde un principio, ambos se plantearon "acuerdos" que podrían modificarse de común acuerdo según evolucionara su situación. Gracias a ello duraron 25 años, no sin "altibajos" como la inclusión de un amante compartido, Luis, que por un tiempo los convirtió en "trieja", hasta el 28 de diciembre de 2005, cuando Luis Armando murió debido a los efectos secundarios del tratamiento para el VIH.

Luis Armando se había enterado de que era seropositivo hacia 1990, cuando sólo existía el tratamiento con AZT. "Él dijo 'Ni madres', se negó a seguirlo porque veía cómo deterioraba a las personas, que se ponían grises". Pero cuando aparecieron los antirretrovirales los tomó con buenos resultados durante cuatro o cinco años. Le habían diagnosticado también tuberculosis en los huesos, y los propios medicamentos "le destrozaron el hígado, los riñones y le afectaron el corazón".

Ese diciembre de 2005, Luis Armando se sintió mejor y tuvo ánimo para ir a Ensenada a pasar la Navidad con su familia, mientras Xabier se quedó en la Ciudad de México con su hermana Amaya. Hablaron por teléfono los días de fiesta, y el 28, un tío gay de Luis Armando llamó a Xabier para decirle que había sufrido un infarto. Aunque tomó inmediatamente un avión, llegó cuando ya había muerto. En el féretro, la familia Lamadrid colocó una fotografía de los dos.

El clóset es utilísimo para la ropa pero no para la vida. ”

Ni siquiera evocar ese momento "terrible" empaña el ánimo alegre con el que Xabier ha vivido durante 66 años. No por casualidad su divisa de vida reza: "El sentido del humor es un arma cargada de futuro". Esa arma, afirma, hoy le falta a los grupos activistas gays. "Una de las cosas que caracterizaba al activismo de las primeras épocas era el ser aguerrido pero con mucho sentido del humor, y yo ahora veo en algunos jóvenes una solemnidad apabullantes que me aburre", afirma entre risas.

Actor, director, escritor, investigador y educador sexual, Luis Armando lo conquistó precisamente porque tenía un sentido del humor "maravilloso". Alto, fuerte y con pelo en pecho, no tenía su prototipo favorito: "Me gustan más bien bajitos de estatura, modelo llaverito, y lampiños".

Curiosamente, la primera pareja de Xabier también había sido teatrero: Mario. "No quiero decir el apellido porque después de que estuvimos juntos tres años, se casó, se divorció y se volvió a casar".

Convencido de que el clóset es "utilísimo para la ropa pero no para la vida", Xabier matiza que salir de él es un acto que se tiene que pensar porque no es tan fácil para todo mundo.

"Pero en sociedades como la nuestra, en la que no hay amenaza de muerte para los gays por parte del Estado —agrega— seguir en el clóset es avalar la homofobia, es apuntalarla y lo

En el movimiento gay de México y el mundo hay dos vertientes: los que buscan ser asimilados por el orden establecido y los que buscamos transformarlo.

que tenemos que hacer es acabar con ella, empezando por la introyectada".

¿Cuándo te diste cuenta de que bateabas del otro lado?

Yo no me daba cuenta de que había dos aceras. A los siete u ocho años tenía mis escarceos con un primo que en realidad era hijo de unos amigos de mis papás. Nos acariciábamos, teníamos felatio y jugábamos a la Guerra de Troya: un rato uno era Paris y el otro era Helena, y cambiábamos papeles. Por cierto que este primo es heterosexual (risas). Como a los nueve o 10 años, con otro hijo de amigos de mis padres también tuve mis *queveres*, y los dos tuvimos un *ménage á trois* con una vecinita que era hija de unos norteamericanos. Yo no sabía cuál era la acera, estaba convencido de que se podía caminar en todas las direcciones.

¿Cómo fue que te quedaste en la acera gay?

Tuve algunas novias a las que quise mucho, y me iba a casar con una chava millonaria, hija de un español y una mexicana. Pero un gran amor fue un compañero guapísimo de la prepa, Jan Poniatowsky, hermano de Elena (que murió en un accidente de automóvil en la carretera de Puebla, del que Xabier se salvó porque no pudo ir a ese viaje). A los 22 o 23 años, cuando ya estaba en la ENAH, tenía una novia, Ana María, y un día fuimos a una exposición. De pronto me dice: "Xabier, creo que ya ligaste". ¿Cómo que ya ligué? Me describió a un muchacho atrás de mí y al voltear me encantó. Se llamaba Francisco, era guatemalteco y tuvimos nuestros queveres. Entonces, pensé: "Ana María me cae muy bien, pero hay cosas del cuerpo masculino que me gustan más que el femenino".

¿Qué te gusta más?

Los genitales masculinos, aunque los pechos de la mujer, cuando no son muy grandes, me parecen interesantes. Ana María los tenía pequeños y un día me dijo: "No sé por qué te gusto si parezco muchachito". Yo le respondí: "Quizás por eso (risas)". Ahora recuerdo que de niño, entre la *Venus de Milo* y el *David* de Miguel Ángel, prefería el *David* por su delineación muscular.

A los 10 años, Xabier decidió firmar sus primeros dibujos y escritos así, con equis y b, al estilo vasco, como su padre quería, deseo al que se había negado el juez civil que lo registró con jota y v. De la misma forma aparecería aún después su nombre en libros como *Una historia sociocultural de la homosexualidad* (Paidós, 2003) y *Semánticas homosexuales. Reflexiones desde la Antropología del Comportamiento* (INAH, 2012).

Así empezó a diferenciarse un niño que se sentía distinto, y al ingresar a primaria en la Escuela de la Ciudad de México se aburría "soberanamente", porque había aprendido a leer y escribir durante un año que pasó en cama enfermo de tuberculosis. Ese aburrimiento escolar le causó problemas de conducta, pues durante las clases se ponía a jugar y platicar con sus compañeritos, así que sus padres lo cambiaron a la primera escuela activa de México, la Nueva Escuela, que seguía el sistema Waldorf.

¿Sufriste acoso escolar por ser diferente?

Muy poco. En la primaria evadía las clases de educación física porque tenía problemas de salud a raíz de la tuberculosis y porque los deportes nunca me interesaron. Y ya sabes, si no juegas futbol eres mariquita. No me llegaron a golpear pero sí me dijeron algunos insultos. Yo los mandaba a la porra porque me valía un cacahuate, y fue muy chistoso porque el niño más guapo de mi salón, Arturo, que hacía todos los deportes, me defendía; nos queríamos mucho.

¿Qué añoras de tu primera época de activismo en Lambda y Guerrilla Gay?

Sigo en Guerrilla Gay. Lo primero que añoro, cuando no había activismo, es ese mundo de la clandestinidad y del ligue callejero de miradas, que se ha estado perdiendo no sólo por el activismo sino por internet (risas). Añoro la fuerza que teníamos de abrir camino y arriesgarnos, y ahora a mis 66 años no tengo tanta fuerza ni tanto ánimo, pero entonces se nos ocurrían un montón de cosas. Hoy me decepcionan los chicos que son activistas y dicen —he oído a más de uno—: "Ya se consiguió el matrimonio igualitario, el activismo no tiene razón de ser". Yo les digo: "Si ustedes lo que querían era casarse, ese no es mi activismo, porque mi idea va mucho más allá, hasta abolir el matrimonio tanto hetero como homo... (risas)". ¿Por qué le tenemos que pedir permiso a un juez para cuchiplanchar y vivir juntos y tener derechos?

Eres radical.

Soy radical porque voy a la raíz (risas).

Entiendo lo que añoras de la época de la clandestinidad, pero cuando hoy ves a una pareja gay que va de la mano...

Me da una gran alegría. Incluso en provincia, en San Luis Potosí, donde todavía son muy moralinos, vi a dos chavos agarrados de la mano, esto me da mucho gusto porque ves la alegría que esas personas están viviendo. Son avances, no tan rápidos como uno quisiera. Pero llegar a los logros no me va a tocar.

¿Cuáles serían esos logros?

Soy radical: acabar con el sistema heterocentrista y para ello, entre otras cosas, lograr que ningún papel oficial, laboral o escolar, le pregunte el sexo a la persona. ¿Qué más da si tiene ovarios o testículos? Que sea o se sienta hombre o mujer, ¿marca alguna diferencia entre las personas? De igual forma, si vas a buscar las causas de la homosexualidad es porque también estás interesado en saber las de la heterosexualidad y de la bisexualidad. Y no sólo de la homosexualidad masculina, también de la femenina, porque si sólo buscas por qué algunos hombres son maricones y dejan atrás sus privilegios, eso se llama homofobia disfrazada de ciencia.

Para hablar de *Semánticas homosexuales*, ¿cómo han cambiado los significados de ser gay entre 1977 y 2015?

Han cambiado bastante. Hasta donde conozco, en el movimiento en México y el mundo hay dos grandes vertientes: los que buscan ser asimilados por el orden establecido y los que buscamos no ser asimilados sino transformarlo. Es difícil llegar a un acuerdo general. Se dice que el movimiento está muy dividido; no, no se ha dividido, la población LGTB es tan diversa como la población nacional, nunca hemos estado todos unidos ni hemos pensado igual, afortunadamente. Lo que hay que hacer es aprender a escuchar al otro y argumentar, porque otra de las grandes carencias es la falta de argumentos. Además, el feminismo y el movimiento LGTB debe ser vertical, atravesar todas las clases sociales, porque estamos en toda la sociedad.

¿A qué le temías en la década de 1970, a qué le temes hoy?

Creo que no le temía a nada. Hoy no temo, hoy me resigno: no tengo la fuerza que tenía, me puede dar un infarto en cualquier momento, no es lo mismo los tres mosqueteros que estas ruinas que ves (risas).

Tienes una "familia maricónica" compuesta por "hermanas", "hijas", "nietas". ¿Qué tipo de "abuela" eres?

Prudente, cautelosa. Quiero que sepan que estoy ahí y si me necesitan, si hacen algo, echarles porras o ayudarles, pero no imponerme porque tampoco quiero que me invadan.

Tuviste en 2010 una relación "audaz" y pasajera con un joven, ¿dimensionaste el amor griego transgeneracional?

No es que lo dimensionara. Lo viví sabiendo que iba a ser muy problemático, sobre todo para él. Cuando empezamos él tenía 23 años y yo 63. Yo tenía la edad de su abuelo, hasta su papá me quedaba chiquito. No funcionó eróticamente, lo cual no me importaba tanto, pero todos sus amigos lo abandonaron. Duramos tres meses, yo lo terminé. Estaba haciendo su tesis, venía y yo le ayudaba. Desgraciadamente, el año pasado (2014) murió después de graduarse. Siempre le estaré agradecido porque rompió el candado que yo tenía (tras el duelo de Luis Armando) para entregarme a otra persona.

Si el deseo sexual ha disminuido, ¿cuál es hoy el motor de tu vida?

El deseo sexual no ha disminuido, ha disminuido la necesidad imperiosa. Hay veces que digo: "Yo con ése haría todo lo posible". Si una virtud tengo, es la capacidad de reírme de mí mismo y de no aburrirme. Muchas veces no sé qué hacer entre todas las cosas que me gusta hacer. Pero mis motores ahora son la convivencia con mi hermana, que necesita mi ayuda, y mi gran pasión que es escribir, siento que me lo debo y es una responsabilidad tratar de comunicar lo que he podido aprender y reflexionar.

Si el sentido del humor es un arma cargada de futuro, ¿qué vislumbras en tu futuro?

Que me van a quemar y espero que lo que quede sirva de abono a alguien y que me recuerden. Y lo que he escrito, dibujado o las caricias que he dado puedan servirle a otros.
Xabier se despide con la perspectiva de ponerse a sembrar sus rosas y geranios. Cuando cierra la puerta se queda en la memoria su sonrisa, "invitadora al humor" como la de su admirado Gato de Cheshire.

Macario Jiménez y Fernando Raphael

La suerte de vestir historias

Macario Jiménez me pone una taza de café expreso delante y, al reparar en la revista *Quién* que acabo de colocar en la mesa junto con la grabadora, dice: "Hace mucho tiempo que no la veía". Se sienta en la cabecera del comedor y toma el ejemplar que, le confieso, guardo porque para mí es histórico. Con los dedos enmarca su rostro en la portada, lo observa unos segundos y luego le comenta a su marido, Fernando Raphael, sentado a su derecha: "Entonces tenía el cabello más negro".

Sólo han pasado cuatro años desde que juntos aparecieron en la portada del número 233 de la revista de sociales, en febrero de 2011, precisamente como la pareja más atractiva de las 10 seleccionadas ese año por la publicación entre el *jet set* mexicano, donde figuraban, entre otros, Sofía Aspe con

Alejandro Baillères y Ludwika Paleta con Emiliano Salinas. Fue la primera vez —y la única— que abiertamente un matrimonio de personas del mismo sexo ocupaba tal sitio, y el editorial de *Quién* lo destacaba así, refiriéndose al famoso diseñador de modas y su esposo arquitecto, sobrino del ex presidente Miguel de la Madrid: "Hoy festejamos poder tenerlos en nuestras páginas como parte de una cotidianidad y no de un escándalo". El texto también cita un comentario muy elocuente de Fernando sobre este hecho insólito: "Es un trancazo donde nosotros somos el puño".

En el extremo derecho de ese "trancazo" editorial a todo color, Macario luce de perfil su larga silueta con un pantalón de vestir jaspeado en tonos café y gris, la cintura talla 30 ceñida por un cinturón azul plúmbago, y una camisa de mezclilla cuyo cuello tipo Mao deja ver apenas el filo de un pañuelo de seda que es su toque característico. Lleva unos grandes lentes de armazón ochentero y la barba de dos días. De pie, junto a él, unos centímetros menos alto, Fernando aparece de tres cuartos, sonriendo. También sin rasurarse, se permitió un *look* más informal: Convers blancos, pantalón de mezclilla, camisa lila remangada y chaleco negro. "Felizmente casados", rezan las letras del promocional en el lado izquierdo, debajo de sus nombres.

Con muy pocas canas a sus 48 años, esta mañana Macario recuerda que cuando lo llamó la editora Laura Manzo para proponerle la idea, su primera respuesta fue: "No, gracias", porque sintió que era meterse en su vida privada —aunque es un gay público— y mostrarlo como "una cosa rara". Mayor fue la negativa de Fernando, cinco años más joven, quien sintió que implicaba "subirse un poquito al tren de Macario", ya que él no es una celebridad.

"Quisiéramos volar todo el tiempo".

Pero la pareja finalmente aceptó debido a que Manzo insistió en que la intención era presentarlos como dos personas iguales a las demás, "ni normales ni anormales sino comunes", en palabras de Macario, que comparten la vida, ejercen una profesión que los apasiona y valen por lo que son. En otras palabras: para romper los estereotipos relacionados con los homosexuales.

En un principio había duda sobre si ocuparían la portada. "No es que quisiera una portada de *Quién* en la vida, más bien pensaba que si íbamos a hacerlo quería que fuera de lo más abierto, no un relleno", aclara Macario. La noche anterior a la sesión de fotos que tendría lugar en una de las recién terminadas casas de lujo que Fernando diseña, aún abrigaban temores sobre esta posibilidad, a pesar de que la editora les había dado la libertad de elegir al fotógrafo, que fue su amigo Ricardo Trabulsi. "Cuando llegamos a la cita había unas 30 personas para el *shooting* y yo le dije a Laura: 'Oye, ¿y si no somos portada?'", relata el arquitecto. "Ella sólo sonrió y me dijo: 'Mira a tu alrededor, estamos haciendo esto sólo para ustedes, las demás parejas aparecerán con fotos de archivo, no hay forma de que no sean portada'".

La mañana del lunes 7 de febrero, los mensajes en sus teléfonos celulares los despertaron. La publicación estaba planeada para el 14, pero apareció antes y las felicitaciones de amigos y familiares no se hicieron esperar. De los muchos comentarios que los lectores hicieron en la edición web de *Quién*, sólo cuatro fueron condenatorios desde el punto de vista de la religión.

"La experiencia resultó increíble y también un poquito *asustante* por eso de ir al supermercado y verte en una

> “*Macario es un niño grandote, todo le genera curiosidad.*

portada mientras haces fila para pagar”, confiesa Macario. “Creo que sí fue un parte aguas porque una vez se acercó un chavo en un antro y me dijo: ‘Gracias por hacerlo porque así mi mamá dejó de pensar que todos los gays son vestidas o peluqueras’. Fue una plataforma y creo que Laura escogió muy bien el momento, porque no sé si dos años antes hubiera sido posible y creo que ahorita sería algo muy diluido”.

A la distancia, Fernando ve la experiencia como algo divertido aunque no marcó o hizo su vida diferente. “Pero fue muy padre aportar una pequeña semilla al cambio”.

“Mac” y su “Güerito” se conocieron en 1994. Después de presentar su primer desfile de modas en el bar gay La Tirana, el diseñador estaba buscando otra locación original para el segundo *show* y por amistades mutuas se interesó en ver la gran bodega en el centro de Coyoacán, donde el arquitecto y cinco socios habían acondicionado su despacho: Liberatorio.

“Nos caímos bien desde el principio”, cuenta Fernando. “Yo entonces tenía pareja y los dos nos hicimos amigos de Macario. Luego yo terminé mi relación...”.

¿Cuántos años duró?

Fernando (FR): Creo que seis o siete, no me acuerdo.

Macario (MJ): Ocho.

FR: Con el cambio de siglo me empecé a encontrar con más frecuencia a Mac, de repente iba a su oficina a visitarlo porque me gustaba, sentía como mariposas en el estómago y había coqueteos pero no sabía si podía traspasar el límite del amigo, hasta que me acompañó a la boda de uno de mis hermanos y ahí decidimos ya no hacernos tontos y empezamos a andar.

Quiero preguntarle a cada uno qué le sedujo del otro.

FR: Su mente creativa. Macario es un niño grandote, todo lo pregunta, todo le genera curiosidad y todo lo quiere saber. Tiene una gran capacidad de entendimiento, como si fuera una esponja. Me fascinaba platicar con él pero era un reto. Físicamente me encantaba también, me encanta.

MJ: Me sedujo que me comía la mente, que era una persona con la que podías platicar horas y horas, convivir, estar. Además de que me gustaba, era muy guapo.

Desde hace 12 años, la pareja vive en el quinto piso de uno de los nuevos edificios construidos en la tradicional colonia Condesa, muy cerca del Parque España. Los días laborales se levantan a las seis de la mañana y meditan; hacia las siete van caminando a un café cercano, Rococó, por un *latte*, deslactosado para Macario y con leche de almendras para Fernando. Desde la esquina del Parque España es posible saber que están dentro del local, con sólo ver que en la banqueta, como un centinela de marfil, los espera Lorenzo, su perro shiba inu. A Macario le gusta aprovechar las promociones y administra los dos cartoncitos con las señales que al llegar a 10 les dará derecho a un café gratis. Suele ir en pants y Fernando ya arreglado porque partirá a su oficina después de que la familia pasee por el parque; el diseñador de modas aún tendrá un poco más de tiempo para arreglarse y estar a las 10 de la mañana en su tienda-taller de Polanco, donde pasa toda la mañana en asuntos creativos; come por allá y dedica la tarde a ver a sus clientas, entre las se cuentan tres primeras damas: Marta Sahagún, Margarita Zavala y la

No había un blue book *de la boda gay, pero hicimos un evento muy de nosotros.*

actual Angélica Rivera. No diseña para hombres porque no era rentable y, aclara, no escribirá en sus posibles memorias sobre sus clientas porque confunde y olvida las confidencias que le hacen cuando están semidesnudas y vulnerables frente a él.

Fernando pasa el mayor tiempo de la jornada en su coche, que de broma llama "mi oficina". Va de una obra a otra, visita proveedores y se da una vuelta por Arkitech, el despacho que tiene con un socio. Dedicado al ramo residencial de lujo, está muy contento porque acaba de incursionar en el diseño de oficinas exclusivas.

Como si estuviera empezando su relación, la pareja procura hablarse una vez al día, hacia la hora de la comida, y se manda mensajes de texto frecuentemente "entre noviando y menseando", confiesa Fernando. Por la noche hacen ejercicio juntos y regresan a su departamento después de las ocho.

¿Se pelean de vez en cuando?

MJ: Como todo el mundo.

¿Lo resuelven fácilmente?

MJ: Normalmente, sí. El día que no lo resolvamos seguramente no estaremos aquí.

FR: Tenemos buena comunicación, gracias a Dios.

¿Se han dado un *break* de pareja?

MJ: Sí, seis meses. A los cinco años.

¿Que los decidió a volver?

MJ: Nos vimos de nuevo y nos dimos cuenta de que estábamos bien juntos.

Vistes muy bien a las mujeres, Macario, ¿qué tal desvistes a los hombres?

MJ: Pues, yo espero que bien.
FR: No hay queja alguna (risas).

¿Son fieles o qué me importa?

MJ: Pues, sí.
FR: Sí. Pero creo que la fidelidad no es hacia otra persona sino hacia ti mismo; no es decir soy fiel a él, sino soy fiel a lo que pensamos y sentimos.

Casualmente, la entrevista ocurre un día antes de que cumplan cinco años de haberse casado legalmente, el 7 de mayo de 2010. Fueron una de las primeras parejas que lo hizo después de que entrara en vigor la enmienda al Código Civil que abrió esta posibilidad.

Ya tenían siete años juntos y, aclara Macario, firmar un papel no los hizo diferentes. Lo hicieron, agrega Fernando, por "tener el derecho civil sobre la persona que está contigo, que tú puedas tomar las decisiones que tu pareja querría si un día está en un hospital".

La decisión de casarse la tomaron en un vuelo, en el inicio de un viaje a Washington con el mejor amigo de Fernando y su esposa. Quizá la convicción de hacerlo no pudo ocurrir en lugar más significativo si se considera que los diseños de Macario se distinguen por su vuelo, por su movimiento y el "efecto aire".

"Yo quisiera volar todo el tiempo, se ve más bonito todo desde arriba", dice el diseñador de modas. "Cuando era niño mi padre nos llevó muchísimo de viaje en su avioneta, que él mismo piloteaba, y la sensación de realmente volar, de hacerlo en una avioneta en lugar de en un jet, es increíble".

Descartada por "horrible" la oficina del Registro Civil de la colonia Roma que les correspondía, la ceremonia matrimonial tuvo lugar también en las alturas: en el salón de fiestas del último piso de un moderno edificio con vista al Parque España, que les prestó una pareja de amigos. El espacio limitado hizo necesario reducir la lista original de 300 invitados a 100, con dos "leyes" que acordaron los novios: que los amigos hubieran comido en su casa y viceversa, y que ambos tuvieran sus números telefónicos en sus respectivos celulares.

La fecha elegida era viernes y los invitados fueron citados a las cinco de la tarde para convivir un par de horas con los contrayentes antes de la ceremonia prevista para cuando ocurriera el ocaso, la hora preferida de Fernando. Las dos hermanas y tres hermanos de Macario volaron con anticipación de Guadalajara y Zamora. Contrario a lo que se podía esperar por lo conflictivo del día y la hora, todos los invitados llegaron puntualmente.

"No había un *blue book* de la boda gay, pero hicimos un evento muy de nosotros, pusimos las flores, arreglamos el lugar y la verdad es que todo nos salió muy bonito", cuenta Fernando. "Hasta el juez de paz que nos tocó, que le confesó a mi hermana Lucía que era su primera boda gay y al principio le costaba un poco entenderlo, se condujo de manera impresionante porque nos dijo que, a diferencia de una pareja heterosexual que muchas veces se une por costumbre social o influencia de la familia, nosotros sólo nos teníamos el uno al otro".

Dos momentos especiales ocurrieron en la ceremonia, narrados por Macario. Por insistencia de Fernando había aceptado que no intercambiarían anillos, así que cuando el juez pidió que se acercara el padrino con ellos, le dijo que no había. Pero uno de sus amigos avanzó para darle la sorpresa que le había preparado Fernando al comprar en secreto un diseño muy especial de una joyería neoyorquina que había deseado durante muchos años.

"Y hubo otra cosa que pasó durante la boda: había luna, no sé si llena o no. En determinado momento se fue la luz en el salón y la única iluminación que teníamos era la que reflejaba el parque y la luna. Yo corrí por mi computadora y una bocina que acababa de comprar de las que se cargan solas y pusimos un *play list*. Nadie se fue de la fiesta y esta situación más bien dio permiso para que todo mundo se pusiera un pedo de aquellos, lo cual fue muy divertido".

Un moderno óleo con aparatos de cocina en tonos naranja y gris decora el comedor donde platicamos. El muro opuesto, pintado de azul rey, se prolonga a la sala y le da al espacio una atmósfera de serenidad al reflejar la luz que entra por el ventanal de doble altura. Ahí, Lorenzo dormita sobre un sofá color arena junto a un bronce de tamaño mediano del mexicano Jorge Marín que muestra a un jinete alado, desnudo y con el rostro cubierto por una máscara de larguísimo pico. En una mesa de pulida madera luce un busto de barro sin cocer modelado por Fernando. Por ningún lado se advierte el defecto que ambos dicen compartir: ser "desordenados a veces". Quizá porque, como matiza Fer, "Macario desordena muy bonito".

Macario nació en Guadalajara el 8 de noviembre de 1967 y pasó su infancia en Zamora, Michoacán, de donde es su familia. En otras ocasiones ha contado que su interés por la moda surgió cuando, con unos seis años, ayudaba a su tía Lourdes, que vivía en el Distrito Federal, a arreglarse durante el par de semanas que iba de visita al "pueblo". El niño Macario miraba la ropa de marca que la mujer de 70 años llevaba en cuatro maletas, le sugería qué usar y, parado en un balde, le trenzaba el cabello como mejor podía.

Fernando es el cuarto hijo de una familia de cuatro varones y dos mujeres. Nació el 12 de agosto de 1972 en la Ciudad de México. Su padre, Ricardo Raphael Escogido, hoy de 80 años y retirado, es un contador que se dedicó al ramo de la construcción. Su madre, Alicia, también contadora, tiene 78 años y es la única hermana del ex presidente Miguel de la Madrid Hurtado.

"Es una madre progresista porque trabajó desde los 14 años, se dedicó a la banca y fue muy cercana a sus hijos pero, gracias a Dios, muy poco metiche", dice riendo.

Macario fue el menor de dos hermanas y tres hermanos, un niño querido y bien aceptado por su familia. "Salí del clóset a los 13 años, o más bien nunca estuve en el clóset" afirma.

Sus padres, Miguel Jiménez Méndez, industrial de los ramos harinero y del transporte (hoy fallecido), y María Teresa Ruiz Méndez lo apoyaron cuando a los cuatro años dijo que quería estudiar ballet, igual que una de sus hermanas. Lo practicó durante ocho años y sufrió acoso escolar porque sus compañeros lo apodaron Nadia Comaneci, la gimnasta rumana que por entonces triunfaba en las olimpiadas.

"Los niños son súper agresivos con los otros niños y yo sí me sentí *buleado*, por eso mismo fui un niño muy solo —cuenta el diseñador de modas con la mayor naturalidad—. Pero ahora que pasó el tiempo y he tenido reconocimiento por lo que hago me he encontrado antiguos compañeros que me felicitan y me dicen: 'Oye, perdón que te *buleaba* de pequeño, no pensé que lo fuera, para mí era un chiste'. Y a mí ya me da igual".

Fernando estudió con los maristas en el Instituto México, donde sus hermanos mayores crearon una "coraza" que lo protegió del acoso escolar. El gusto por la arquitectura, que estudió en la Universidad Iberoamericana, se lo despertó su abuela materna Alicia Hurtado, quien lo llevaba de niño a pasear por Lomas de Chapultepec y Bosques de las Lomas para admirar las residencias. "Era una arquitecta frustrada, hizo un edificio donde está la famosa nevería Roxy de la calle Tamaulipas, en la Condesa", cuenta.

Con 17 años, Macario decidió que quería estudiar diseño de modas en el Instituto Marangoni en Milán, Italia. Después de que sus hermanos varones habían optado por involucrarse en los negocios familiares, su padre se preocupó de que el menor "le hubiera salido artista" y cursara una carrera que no le diera para vivir, así que no quería apoyarlo.

El adolescente, quien era el único que "lo enfrentaba y le decía sus cosas directamente", decidió brincarse las trancas y desplegó todo su encanto para convencer a 14 tías de sangre y de cariño para que le prestara cada una mil dólares, con la promesa de regresárselos cuando se graduara y empezara a trabajar. Y también vendió el automóvil que estaba a su nombre. Finalmente, su padre lo apoyó porque sólo la colegiatura de un año costaba 18 mil dólares, y estuvo tres.

Había tenido su primer novio a los 15 años, un muchacho de Guadalajara "grandísimo", porque tenía 26 años, pero cuando llegó a Milán sintió que estaba en el paraíso.

"La primera vez que vas a Italia los hombres no son guapos, sino lo que le sigue: son espectacularmente guapos, aunque después te acostumbras", dice.

Sólo tuvo un encuentro "fugaz" con un italiano, y se hizo novio de un español con el que duró hasta graduarse con honores y regresar a México a finales de los ochenta para empezar su brillante carrera en la moda.

Estas dos vidas paralelas, que tuvieron la fortuna de entrelazarse, comparten también un rasgo en lo profesional, subraya Fernando: "la suerte" de dedicarse a "vestir". Macario —asegura su esposo y sin duda principal admirador— "viste a las personas para ocasiones muy particulares, y a mí me toca vestir las historia de una familia o de un individuo, porque diseñar una casa o una oficina es hacer un traje a la medida para arroparlos".

Hoy, la pareja comparte un proyecto que está "todavía muy verde": construir un conjunto residencial para "arropar" los años finales de las personas gay. La idea es que sus amigos y conocidos que hoy tienen entre 40 y 45 años empiecen ya a pagar ese "último departamento de su vida", que contará con los servicios propios de la tercera edad. Insisten en que es un proyecto que apenas están perfilando, pero aseguran que ellos también se irían a vivir ahí.

¿Juntos hasta que la muerte los separe?

MJ: Hasta este momento, sí.

FR: Yo creo que es hasta que tengas la capacidad de seguirte reinventado. Sí, juntos sin forzarlo.

Nahum B. Zenil y Gerardo Vilchis

Inseparables en la vida y el arte

"¿Te enseño esto o no te lo enseño?", me dice Gerardo Vilchis tomando un gran sobre de papel inmaculado que descansa en una mesita, encima de un cojín orlado de encaje.Estamos en una salita íntima del segundo piso de la casa principal de su rancho en Tenango del Aire, en el Estado de México, decorada con antigüedades y cientos de obras de su pareja, Nahum B. Zenil, que me ha ido mostrando como guía de lujo. Gerardo saca del sobre un tríptico elaborado en blanquísimo papel de algodón, con dos corazones unidos por las arterias y marcados con las iniciales: G, N. Lo abre y en el espacio central aparece otro corazón con su perfil y el de Nahum mirándose de frente.

En el panel de la izquierda hay una guarda con un dibujo suelto, realizado con tinta china igual que los anteriores,

Somos una pareja espiritual. Hemos sabido perdonar y perdonarnos, algo que es muy importante para sobrevivir.

donde los dos hombres se toman de la mano, además están unidos por el cordón umbilical y sostienen una cartela a los pies de la advocación mariana venerada por el pintor, que reza: "Gracias Virgen de Guadalupe".

Acompaña a este fino ex voto un papel que Gerardo desdobla y me muestra con la parsimonia que lo caracteriza: es un acta de matrimonio expedida en el juzgado 7 de la Ciudad de México y fechada el 5 de octubre de 2011, donde leo los generales de los contrayentes: Fulgencio Nahum Bernabé Zenil, 68 años, de Chicontepec, Veracruz, y José Gerardo Vilchis Durán, 56 años, del Distrito Federal.

En el panel derecho de este relicario nupcial creado por el artista, la guarda tiene 11 fotografías de la ceremonia a la que los contrayentes sólo invitaron a su amigo Enrique Dávila, que les hizo las fotos, y a Raúl Hernández, un paisano de Chicontepec que es como su familiar y desde hace 30 años los ayuda en diversos menesteres.

Después de la firma del acta, trámite que realizaron por cuestiones de protección legal —como previamente la sociedad de convivencia—, los nuevos esposos que han compartido la vida desde el 28 abril de 1978, se fueron a comer con sus dos amigos al Sanborns de los Azulejos. "Ese fue el festejo, no hubo más", me dirá Nahum en la entrevista.

Y Gerardo contará que atendía un puesto de periódicos en la colonia El Arenal, a la que su familia se fue a vivir algún tiempo después de que él naciera, el 30 de septiembre de 1955, en una vecindad de la colonia Buenos Aires.Antes de conocer en persona a quien sería su marido, supo de él hojeando en el puesto la revista *Kena*, en la que leyó la primera entrevista que le hizo Raquel Tibol.

"El artículo se llama "Doloridos monólogos de Nahum B. Zenil", y también tenía algunos de sus poemas. Así fue como lo conocí primero, en la revista".

Los dos hombres se vieron por primera vez en la UAM Xochimilco, que en 1978 estaba recientemente inaugurada. Nahum impartía los sábados un taller libre de pintura y Gerardo acudía a uno de guitarra. Hicieron amistad y poco tiempo después, además de los sábados, empezaron a verse también los miércoles. Luego pasaban los fines de semana juntos en un departamento que Nahum tenía en la unidad del FOVISSSTE de avenida Miramontes, cerca de la UAM. Les gustaba ir a los Domingos Literarios que se organizaban en la Sala Manuel M. Ponce del Palacio de Bellas Artes.

Para entonces, Gerardo, que no terminó la secundaria, trabajaba como operario en el departamento de plástico de la fábrica de electrodomésticos Sumbean, donde se hacían los anillos para las bases de las licuadoras, los mangos de las planchas y las aspas de los ventiladores. "Gerardo visitaba casi diario la casa donde yo vivía con mi mamá en la Agrícola Oriental; ella lo quiso mucho porque sabía que con él yo estaba seguro, aunque nunca hablamos del tema".

Nahum había tenido algunas relaciones previas que duraban pocos meses. "Muy al principio le dije a Gerardo: 'Yo te quiero para toda la vida'. Y mira que sí, se está cumpliendo".

Su inseparable esposo —"yo no puedo estar sin Gerardo"— aparece con frecuencia junto al artista en su obra autobiográfica. "Es un vínculo muy especial porque yo no lo siento como una persona distinta, lo siento como una parte mía que sufre mi sufrimiento y disfruta mis alegrías. Y en las obras hace lo mismo: complementa lo que yo quiero decir para que el discurso sea redondo".

Para llegar a la casa de Nahum y Gerardo en Tenango del Aire (una propiedad de 5 mil metros cuadrados) donde residen desde hace 30 años, me puse de acuerdo con Raúl Hernández, quien cuida la casa que tienen en la colonia Roma y todos los miércoles los va a visitar para agasajarlos con sus sencillos pero sabrosos guisos. En el trayecto de dos horas desde el DF, que implica tomar el metro hasta Boulevard Puerto Aéreo, un autobús a Chalco y finalmente un colectivo que nos deja en la plaza principal del pueblo mexiquense, Raúl me cuenta que su mamá le lavaba la ropa a la familia de Nahum, que la pareja es vegetariana desde hace décadas, que le tocó preparar diferentes cenas para las críticas de arte Raquel Tibol y Teresa del Conde, y que se está construyendo una casita en un terreno que le regalaron sus amigos, como a otros ahijados que se han traído de Chicontepec.

"Casa del Poeta. Tecomate Cuatolco", advierte una placa, sombreada por una buganvilia, en la barda de piedra de la finca, junto a la puerta enrejada. Son más de las 11:30 de la mañana y encuentro a la pareja desayunado yogurt con fruta y cereal en la mesa cuadrada de la primera casita de dos aguas que construyeron con adobes.

"No teníamos mucho dinero y compramos todo lo que necesitábamos en casas de demolición; hasta el portón y la escalera a la medida. Haz de cuenta que nos estaban esperando, y es que nos han sucedido muchas cosas extraordinarias", dice Nahum.

Con su tono afable y pausado, me cuenta que el rancho lo fueron comprando al mismo propietario poco a poco.

Gerardo acota que "primero fueron 300 metros, después otros 300, más adelante 600 y así". Era originalmente un huerto de nogales, "que se fueron secando de viejos", aclara el pintor.

Hacia el mediodía aparece Sebastián, uno de sus ahijados, que es casado y tiene dos niños. Se sienta a la mesa para tomar un té y luego ocuparse de las diligencias que le encargarán sus padrinos.

Unos minutos después, llega una pareja de vecinos porque su hija pidió ir a saludarlos. Delante de los recién llegados, con la mayor naturalidad me siguen contando que Nahum participó desde el principio en la Semana Cultural Lésbico Gay que organizaba José María Covarrubias.

"Primero eran sólo unas jornadas que tenían lugar en la Editorial Penélope", aclara Gerardo.

Más tarde, me mostrará el programa original de las "Jornadas de cultura homosexual 1984", cuya portada estaba adornada con un obra de Nahum donde aparece autorretratado —sello de su trabajo artístico— como la maja desnuda, junto a un hombre sentado que igualmente tiene su rostro y se hurga la bragueta con la mano derecha.

Después del café con el que el pintor apura las últimas pastillas naturistas que acostumbra tomar en las comidas, le pide a Gerardo que me lleve a conocer la propiedad cuyo nombre completo es Espacio Cultural Rancho Tecomate Cuatolco Casa del Poeta. Tecomate por el rancho de Chicontepec, en la Huasteca veracruzana, donde nació Nahum el 1 de enero de 1947; Cuatolco porque ese es el nombre original del predio y Casa del Poeta porque es una de las sedes oficiales de un encuentro nacional de poesía.

Nahum se reunirá después con nosotros para la entrevista. En el recorrido nos acompañan los perros que la pareja trata con gran cariño: Mi Nuche, bautizado como su papá le decía de cariño a Nahum; su madre Dulcinea, que lo tuvo con Primero Sueño, un mastín napolitano ya fallecido, y Verso Libre.

Detrás de la primera casita, junto a uno de los pocos nogales originales que sobreviven, está otra pequeña construcción de adobes y techo de dos aguas. En el piso inferior se exhiben los originales de diversas invitaciones realizadas para amigos o para las muestras de Nahum, como la más reciente, *Páginas sueltas* (Centro Nacional de las Artes, julio-agosto de 2014), y la exposición anual que los esposos organizan con libros objeto en abril para celebrar su aniversario. En el piso superior está el compacto y luminoso estudio donde una gatita negra decidió dar a luz a tres crías. Gerardo se ocupa de que no le falten croquetas y leche, porque está a cargo de la administración de la casa, va al mercado, cocina y en un tiempo hasta lavó y planchó la ropa.

"Yo no sé hacer ni un huevo", me confesará Nahum. Y Gerardo subrayará divertido: "Se le quema el agua".

El cuidado del jardín es una actividad que la pareja solía compartir. "Lo hacíamos juntos porque no teníamos dinero suficiente para pagar a nadie y cortábamos el pasto con tijeras de mano".

En medio de ese campo donde este agosto las nopaleras están cargadas de tunas, la casa principal parece una iglesia por su fachada de piedra rematada con una espadaña de tres campanas y, al centro, la Virgen de Guadalupe, a quien también está dedicada, ahí mismo, una capilla decorada con obras de artistas amigos y un autorretrato de Nahum con un corazón que le cubre todo el torso.La devoción del artista a La Patrona de México se remonta a la infancia, una época en la que se sintió desprotegido. En una esquina del cuarto donde dormía con su mamá y su abuela, en la casa de barro con zacate que ésta tenía en El Tecomate, había un altar que presidía la Virgen del Tepeyac. "Un día estaba yo mal, acostado en mi catre y vi a la Virgen de Guadalupe acercarse a mí, como si se hubiera desprendido del altar para venir a donde estaba yo enfermo, y consolarme. Ha de haber sido una alucinación o lo que tú quieras, pero lo sentí como un hecho real y desde entonces soy guadalupano. En la capillita que le tenemos dedicada le rezo todas las noches pidiéndole protección, igual que antes".

El recorrido por las muchas estancias nos ha tomado más de una hora. Para donde voltee me encuentro con la mirada y muchas veces con el pene en reposo o en erección de Nahum, quien desde un principio decidió que su vida sería como una "mina" de la que extraería "elementos" para su trabajo, que muy pronto fue bien valorado internacionalmente.

Por eso siempre se autorretrata en su obra como bebé, niño, adulto, mujer, santo, ángel, demonio... Y por eso también está presente el sexo de una manera desafiante, porque el sentirse señalado en la infancia por ser diferente le provocó trastornos nerviosos.

Al salir de la casa principal y rodearla, encontramos al pintor sentado en un entrante que interrumpe la continuidad del muro de adobe y crea un espacio íntimo bajo techo pero abierto al jardín, cubierto por una enredadera de flores.

Ahí, en compañía de sus queridos perros, con la presencia intermitente de Gerardo, se desarrolla la conversación. Nahum habla con una prosodia diáfana, igual que la caligrafía inglesa que lo distinguió como maestro de primaria durante 20 años. Sólo se permite una muletilla, "fíjate", y nunca elide el "yo".

Responde con una sinceridad generosa, en especial al referirse a los recuerdos dolorosos de su vida temprana, que en un momento lo obligarán a interrumpir el relato varios segundos para recomponerse.

"Nací en El Tecomate, que era el rancho de mis abuelos. Mi mamá se llamaba Genoveva Zenil Olivares, doña Vevita, y mi papá, Adalberto Bernabé Mendoza. Bernabé es mi apellido paterno, pero es más eufónico Nahum B. Zenil, además de que Bernabé suena más como nombre que como apellido".

Fuiste el tercero de cuatro hermanos (tres hombres y una mujer). ¿Cómo era tu familia, cómo viviste tu infancia?

Híjole, sabes que mi mamá hacía muchas cosas: cosía ajeno, hacía pan para vender, daba de comer a los arrieros, a los comerciantes que llegaban al rancho cada ocho días, y el dinero que ganaba se los enviaba a mis tíos en el DF, porque con ellos vivían mis dos hermanos mayores que se fueron a estudiar también a la Escuela Nacional de Maestros. Mi papá era maestro rural, dio clases en El Tecomate. Cuando yo tenía cinco años se separó de mi mamá y nos dejó viviendo en casa de mi abuela materna, Enedina Olivares, Mamá Nina, ahí mismo en El Tecomate.

¿Y se quedó en el pueblo?

Se fue a vivir a la casita del maestro que tenían las escuelas rurales, y el fin de semana se iba al pueblo, a la cabecera municipal en Chicontepec. Y bueno, él fue mi maestro hasta el cuarto año de primaria en El Tecomate; también le dio clases a mis hermanos mayores. Mi hermano Daniel, al que le decíamos El Chato, me llevaba seis años de diferencia, así que yo conviví poco con ellos porque cuando entré a la primaria en el rancho, mi hermano, el más grande, ya se había ido a la Ciudad de México y El Chato estaba en Chicón(tepec) terminando la primaria. A los nueve años yo me fui a estudiar a Chicón el quinto y sexto, pero como Tecomate está a 17 kilómetros, venía yo con cierta frecuencia al rancho; a veces hacíamos mis primos y yo el camino a pie, y era divertido. Mi mamá no contaba con ningún bien material, y cuando llegué a México y muere mi abuela, me traigo a vivir a mi mamá conmigo, y al poco tiempo mi tío tira la casa de mi abuela y fíjate que eso a mí me afecta mucho porque era la casa donde me crie, y esa casa aparece en varias de mis obras. No quise regresar al rancho sino hasta después de 35 años, cuando llevamos los restos de mi mamá a sepultar. Si no es por ese motivo tal vez no hubiera regresado. Y bueno, ahí pasé esos años de mi infancia, que no fueron tan agradables.

¿Porque viviste carencias?

Primero por la ausencia de mi padre, de un hogar constituido con los miembros que se requieren: la mamá, el papá, los hermanos. A mí me hizo mucha falta mi papá. Claro que lo veía en la escuela como mi maestro pero, no sé, tal vez eso me confundió mucho porque era mi maestro, era mi papá pero no vivía en mi casa. Me sentía como abandonado por él. Y después, cuando me fui a estudiar al pueblo y viví en la casa de mi papá y dos tías solteronas, mi papá llegaba los fines de semana y, al principio cuidaba de que yo no me diera cuenta de que en la noche se iba a ver a su amante, pero después ya no le importó.

Eso también te dolía, claro.

Sí, y además otro detalle que también me causaba dolor era que esta mujer tenía dos niños adoptados como hijos que le decían papá a mi papá (risa apagada).

¿Tu papá te trataba en la escuela igual que a los otros niños?

No me acuerdo bien, pero sí recuerdo un detalle, porque todo lo tengo registrado, fíjate, todo lo he escrito. Una vez me subí a la mesa que nos servía de escritorio a los alumnos y le tiré el frasquito de tinta a una de las niñas, que lógicamente me acusó con mi papá. Entonces mi papá intentó pegarme con su cinturón pero yo me le escapé y corrí por el patio, me salté la alambrada de la escuela y por la placeta de la ranchería me correteó con el cinturón, pero nunca me alcanzó porque seguramente me fui a mi casa.

Supongo que por influencia de tu papá y tus hermanos es que estudiaste para maestro.

¿Sabes?, es que las facilidades que nos daba la Normal eran muchas; yo tuve beca los años en que estuve estudiando, igual mis hermanos. Primero cursabas la secundaria que era un anexo de la Normal, y luego hacías los tres años de profesional. No había los estudios previos de preparatoria para ingresar a la profesional, y salíamos a los 18 años, más o menos, ya como profesionistas. Las generaciones eran enormes, yo recuerdo que la mía fue de mil 200 alumnos nada más en el turno matutino, y 800 en el vespertino. Así que salíamos 2 mil maestros que se repartían por toda la República. Como yo era de los alumnos aplicados, me quedé en el DF. Trabajé 20 años en todos los grados de primaria, en varias escuelas públicas, de clase media baja.

Más allá de la falta de tu papá, ¿fue agradable tu infancia?

En el rancho había ciertos detalles de... no discriminación, pero sí de diferencias en el trato de mis parientes mayores hacia mí; no era el mismo que tenían con los primos de mi generación.

¿Te menospreciaban?

No, no, me refiero a esas cuestiones de, bueno, que uno no sabe, cuando eres niño, de estas cuestiones sexuales, pero había cierto hostigamiento.

¿Porque eras gay...?

Sí, pero yo ni siquiera eso sabía. Incluso tuve novia en el rancho o el intento de tener una novia allá, siendo niño, y con los primos de mi generación me llevaba muy bien y hasta la fecha los quiero mucho y siento que ellos igual me quieren.

¿Cómo era este hostigamiento?

Yo no podía, por ejemplo, montar a caballo o lazar un animal como lo hacían mis primos, porque mis tíos eran ganaderos. Nosotros no teníamos caballos, no teníamos ningún bien, pues mi mamá no tenía nada, y mi papá tenía potreros pero en el pueblo. Además, yo no contaba con un apoyo, con alguien que me enseñara y guiara en este tipo de actividades. Era una zona donde la separación de actividades masculinas y femeninas estaba muy marcada y yo me sentía torpe para hacer una serie de cosas que mis primos podían hacer, entonces no viví una infancia tan agradable.

¿Te señalaban por alguna cuestión femenina?

Sí. Yo creo que ellos notaban la diferencia entre mis primos y yo. No sé, no me acuerdo muy bien de detalles, lo que sí recuerdo es que para mí era un sufrimiento constante tener que enfrentarme todos los días a burlas sin el apoyo de nadie, que me hacían sentir distinto, y notaba que no aceptaban mi manera de ser.

Perdona que te lo pregunte tan directo, ¿te tachaban de maricón?

Sí, incluso me pusieron un apodo. Yo tenía un tío por parte de mi mamá que también era el maricón del pueblo. Se llamaba Francisco Zenil, le decían Paco Zenil, y a mí me decían igual, Paco. Esto no lo había contado antes, lo tengo escrito en un relatito pequeño y creo que ni siquiera lo he leído en el taller literario que coordino aquí en la casa todos los sábados con el poeta Enrique Villada.

¿Y no entendías por qué te decían así?

Bueno, sí, porque yo sabía de mi tío. Era primo de mi mamá y cantaba y bailaba vestido de charro para amenizar los actos cívicos del pueblo. También pintaba y esta es una de las cosas curiosas porque yo recuerdo los paisajes que pintaba en la mampara de su puerta, porque en el pueblo las puertas estaban siempre abiertas, sólo protegidas por estas mamparas o bastidores a mediana altura. Me acuerdo que mi papá también dibujaba su material didáctico; él pintó un florero con gises de colores en la pared de barro, al pie del catre donde yo dormía en la casa de mi abuela. Supongo que estas dos cosas influyeron en mi gusto por pintar.

¿Cómo te diste cuenta de que eras diferente?

Eso fue gradual. Cuando entro a la adolescencia me viene una crisis emocional tremenda, tal vez por la falta de mi padre, por todo el sufrimiento acumulado durante la infancia por estas burlas y... ¿cómo se le puede llamar?, maltrato psicológico. Empiezo a padecer del sistema nervioso, adopto actitudes extrañas y la agente me tacha de loco.

¿Qué cosas raras hacías?

Prefiero mejor no decirlo. Entonces mi mamá me lleva con brujos a ver si me curaban. Fue una etapa de sufrimiento tremendo tanto para ella como para mí; yo creo que mi papá no se enteró, ni mis hermanos, o si se enteraron no le dieron importancia... Pero, fíjate que yo empecé a desarrollar la inteligencia más que mis primos, tal vez como un mecanismo de defensa.

¿Leías mucho?

Sí, leía porque mi papá me compró mis dos primeros libros, no sé si los habrá encargado a México. Uno fue de Aladino y el otro, híjole, no me acuerdo. Y empecé también a dibujar. Mis trabajos de dibujo para la primaria eran dibujos bonitos, que sobresalían.

¿Destacar en la escuela te daba un poco de seguridad en este problema nervioso?

Sí. Y me fui a la Ciudad de México. Intuí que tenía que separarme de ese ambiente que me hacía daño y de las personas que se burlaban de mí; que eso iba a ser mi salvación. Presenté mi examen de admisión en la secundaria de la Normal y lo pasé, cosa que no sucedió con algunos primos, que se inscribieron por influencias. Y todo esto me va fortaleciendo espiritual y emocionalmente. Te digo que mis primos de generación no me agreden, al contrario, va naciendo en ellos cierta admiración porque yo me dedico a estudiar, a hacer bien mis trabajos, o sea, soy un niño ejemplar.

Y eso no les caía gordo, sino que te admiraban.

Sí, y fíjate que allá en Chicontepec saben de mi aplicación en el estudio y me ponen como ejemplo para otros estudiantes. Todo esto me va fortaleciendo. Gano un premio por aprovechamiento en el primer año de secundaria y en el segundo, en el tercero empiezo a escribir porque antes de pintar, yo quería ser poeta. Y mi maestra de literatura, Amada Reyes, me alienta. A esta maestra le llevo mi primer poema, que curiosamente fue amoroso, pensando en una mujer, y lo lee al grupo. Entones mis compañeros me aplauden y eso para mí significó mucho, significa mucho. O sea que busco el reconocimiento como un mecanismo de defensa.

¿Eso termina por rescatarte del problema nervioso?

No, hasta la fecha sigo (risilla), sigo mal.

Pero creo que ahora no haces cosas raras, pintas.

Lo he superado. Es que la pintura fue para mí la tabla de salvación, ahí canalicé todo. En el momento en que decido ser pintor decido también explotarme, usar mi vida como una mina de la que yo voy sacando elementos para mi trabajo. Y mi pintura empieza a llamar la atención desde muy al principio porque esta necesidad de exteriorizar todo eso me hace encontrar una manera particular de decir las cosas plásticamente, y esto sucede hasta la fecha.

Si querías ser poeta, ¿cómo es que te llega el gusto por la pintura?

Desde la Normal empiezo a pintar y ahí encuentro a otro compañero con gustos afines, Arnulfo Cruz Sosa, que reproducía cromitos y hacía telitas. Y él me induce también. Me anima a participar en un concurso que hubo en la Normal, que se llamó *Rincones de mi Escuela*. Y pinto mi primer cuadrito al óleo sobre tela, que le regalé a mi papá, y me emociona mucho porque él colocó el cuadrito arriba de la mesa que utilizaba como escritorio y ahí lo tuvo hasta su muerte. Era una construcción sin mayor sentido que había en el patio de la escuela, pero fue lo que me llamó la atención porque era lo que más se parecía a un paisaje de campo con árboles. Mi papá lo recibe con mucho cariño, no sé, creo que se sentía orgulloso de mí por los pequeños triunfos que yo había tenido en los estudios.

Entonces, aunque no estaba cerca de ti, su relación no era mala.

No, no era mala la relación, pero yo seguía sintiendo su falta, la sigo sintiendo hasta la fecha. Yo hubiera querido a mi papá cerquita de mí.

¿Vivías con culpa por ser diferente?

Sí. Yo aspiraba a una vida, digamos, normal, como todos los jóvenes, como mis primos. Yo pensé que llegaría a tener un hogar bien constituido.

Pero sentías una atracción por tu mismo sexo.

Bueno, sí, pero no estaba tan marcado. Tal vez ese, digamos, maltrato de la infancia me hizo reprimirlo.

Mencionaste que tuviste novia.

En el pueblo hice el intento de tener una novia, porque de niño no eres tan consciente de esas cosas. Era una vecina de la casa de mi papá. Ya en el DF, en la Normal tengo varias enamoradas, y yo no sé si sentía algo o no, aunque igual hacía el intento de portarme como cualquier joven. Pero no, nunca me sentí realmente integrado a ningún grupo, siempre me sentía muy solo, muy aparte, muy distinto, y esto de ser destacado en los estudios como que establecía una barrera entre mis compañeros y yo; nunca pude integrarme del todo con los grupos. Sí tenía unos amigos muy cercanos con los que convivía más, sin que hubiera habido ninguna idea de acercamiento sexual.

¿Y cómo asumiste tu identidad sexual?

Fue gradualmente porque ya trabajando en una primaria, recuerdo algún maestro que me llamaba especialmente la atención. Jamás demostré nada porque siempre fui muy buen trabajador del magisterio, tal vez para ganarme la aceptación, el cariño y el respeto de la gente. Y me los he sabido ganar. En el tercer año de estudios en La Esmeralda (que hacía en el horario nocturno) tuve un maestro, Cristóbal Torres Valencia, que sabía de psicología e incluso había trabajado en el manicomio. Yo seguía padeciendo en México crisis nerviosas y en una de esas crisis me mandaron a la Clínica de Especialidades Mentales del ISSSTE; estuve tres años en tratamiento. Entonces conozco a este maestro y veo que se le acercaban sus ex alumnos a platicar. Yo también me empecé a acercar, y él me ayudó.

¿Era como una orientación psicológica sin consultorio?

No, era como un amigo. Nos íbamos caminando un buen tramo y le platicaba de mis problemas. Además sentía que en la clínica ya no avanzaba, como que había llegado a un límite y de ahí en adelante dependería de mí. Entonces el maestro me ayudó mucho.

¿Le hablabas abiertamente de tu orientación sexual?

Sí, él también era gay. No sé, no quisiera comentarlo así tan, pero... Me ayudó mucho, mucho.

¿A asumirte?

A asumirme. Yo encontré en él al amigo que necesitaba, al hermano que necesitaba, al padre que necesitaba, para mí era todo...

Empieza a llover. Mi Nuche, que durante la entrevista ha estado echado junto a nosotros, se incorpora y se acerca a su amo, como si advirtiera que algo no está bien. A Nahum, que en un óleo de 1992 se autorretrató llorando lágrimas de sangre, ahora se le ha hecho un nudo en la garganta. Tarda unos 20 segundos en dominarse, y agrega: "Y bueno, este maestro me apoya en el duelo cuando mi papá muere en 1970".

Regresa Gerardo de atender los asuntos de la casa. Suena el teléfono para anunciar que la comida que preparó Raúl ya está caliente y nos espera: sopa de verduras, arroz verde, calabacitas con jitomate, papas con chile poblano y muchas tortillas.

"Desde muy al principio de conocernos, Gerardo y yo nos hicimos vegetarianos por salud física pero también por salud espiritual porque yo quiero mucho a los animales, tanto que cuando se me han muerto me duelen como un familiar".

Uno de esos familiares perdidos fue un gato persa, que aparece en una de sus obras, *Dante y yo*.

A lograr esa salud espiritual contribuyeron también dos mujeres, Malú Vega y Marta Zúñiga, como otras que han protegido la vida e impulsado la obra de Nahum: desde su madre, su abuela y la Virgen de Guadalupe, hasta Raquel Tibol y Teresa del Conde. Elena Olachea le dio la oportunidad de hacer su primera exposición individual en la galería José María Velasco del INBA, en 1974.

"Iniciamos el proceso espiritual con Shaya Michan y luego seguimos con Malú y Marta para lavar interiormente el cuerpo y también el espíritu. Así conseguimos Gerardo y yo fortalecernos y perdonar. Porque yo sentía rencor por todo lo que había vivido en el rancho y especialmente rencor hacia mi padre. Hoy hemos sabido perdonar y perdonarnos, algo que es muy importante para sobrevivir".

Chulos y coquetones de Antonio Bertrán
se terminó de imprimir y encuadernar en octubre de 2015
en Programas Educativos, S. A. de C. V.
Calz. Chabacano 65-A, Asturias DF-06850, México